Großfürstin Maria Pawlowna Romanowa (1890-1958) war eine ungewöhnlich kluge und eigensinnige Frau. Ihr rastloses Leben führte sie aus dem Zarenpalast quer durch Europa bis nach New York – ihre Ruhestätte fand sie auf der Insel Mainau, die ihr Sohn Graf Lennart Bernadotte in ein Blumenparadies verwandelt hatte.

In jungen Jahren wurde die junge russische Aristokratin mit dem schwedischen Prinzen Wilhelm verheiratet. Nach fünf Jahren verließ sie ihn wieder – und löste einen Skandal aus. Während des Ersten Weltkriegs arbeitete sie als Krankenschwester an der deutsch-russischen Front; durch die Oktoberrevolution ins Exil gezwungen, gelangte sie nach Paris, wo sie für ihre Freundin Coco Chanel als Designerin tätig war. Sie war Modeberaterin, Reisefotografin und Autorin von Memoiren, die in den USA zum Bestseller avancierten.

Gunna Wendt, geboren 1953 in Jeinsen bei Hannover, studierte Soziologie und Psychologie in Hannover und lebt seit 1981 als freie Schriftstellerin und Ausstellungsmacherin in München. Zuletzt erschien von ihr im insel taschenbuch *Lou Andreas-Salomé und Rilke – eine amour fou* (it 3652).

insel taschenbuch 4197
Gunna Wendt
Vom Zarenpalast zu Coco Chanel

Inhalt

Vom Zarenpalast zu Coco Chanel

Prolog

Auf der Blumeninsel Mainau im Bodensee hat gerade die Saison begonnen. Die Frühlingsstraße mit ihren unzähligen bunten Tulpen steht in voller Blütenpracht. Im Palmenhaus ist die Orchideenschau zu sehen. Ich besuche Gräfin Birgitta Bernadotte, die älteste Tochter aus der ersten Ehe des Inselgründers Graf Lennart Bernadotte, um mit ihr über ihre Großmutter Maria Pawlowna zu sprechen.

»Sie war eine wirkliche Großfürstin«, erinnert sich Gräfin Birgitta und scheint bis heute darüber erstaunt: »Immer war sie die Großfürstin, sogar, wenn sie arbeitete, und das tat sie ständig.« Kaum angekommen im Schloss, habe sie sich im Kaminzimmer ihren Nähplatz eingerichtet, so als sei dies das Selbstverständlichste von der Welt.

Das Kaminzimmer im zweiten Stock des Nordflügels, in dem die Privaträume der gräflichen Familie liegen, diente von jeher dem zwanglosen Zusammensein in kleiner Runde. Vor allem am späten Nachmittag oder Abend traf sich dort die Familie Bernadotte, manchmal wurden Freunde eingeladen. Es war ein Ort der Ruhe und Entspannung, doch darauf nahm Maria Pawlowna keine Rücksicht. Wenn sie anwesend war, beanspruchte sie jegliche Aufmerksamkeit für sich. »So klein sie war, sie stand immer im Mittelpunkt«, berichtet Gräfin Birgitta.

Sie und ihre drei jüngeren Geschwister waren als Kinder nicht gerade begeistert, wenn sie hörten, dass sich ihre Großmutter angekündigt hatte. Denn dann war es vorbei mit der freien Erziehung, die sie aus Schweden gewöhnt waren. Die

Mädchen durften nicht mehr in Hosen zum Essen erscheinen und mussten zur Begrüßung einen tiefen Knicks machen. Doch mit diesen »Hofmanieren« arrangierten sich die Geschwister schnell und parodierten sie. Genau wie die Angewohnheit Maria Pawlownas, sich bei den Mahlzeiten immer den Teller vollzuladen, um schließlich weniger als die Hälfte zu verspeisen. So etwas hatte in ihren Kreisen einst als vornehm gegolten. Für ihre Enkel war es am schlimmsten, dass die Großmutter überhaupt kein Verständnis für sie aufbrachte. Sie nahm sie nicht ernst, machte sich sogar über sie lustig. »Wir waren ihr lästig. Ja, ich glaube wirklich, sie hat Kinder gehasst«, so Gräfin Birgitta, »immer hat sie auf uns herumgehackt. Wir hatten zeitweise regelrecht Angst vor ihr.«

Auch Maria Pawlownas Sohn, der Schlossherr Graf Lennart Bernadotte, sah den Besuchen seiner Mutter mit gemischten Gefühlen entgegen. Lange Zeit hatte er ihr nicht verzeihen können, dass sie ihn als kleines Kind verlassen hatte. 1913 war sie vom schwedischen Königshof geflohen, hatte sich von ihrem Ehemann Prinz Wilhelm von Schweden nach fünfjähriger Ehe getrennt und ihren vierjährigen Sohn aufgegeben. Erst Anfang der 1940er Jahre näherten sich die beiden wieder einander an, doch er betrachtete sie nie als Mutter, sondern eher als entfernte Verwandte, für die er sich verantwortlich fühlte. Sie lebte damals in Argentinien, hatte wenig Geld, und Lennart Bernadotte unterstützte sie finanziell, gemeinsam mit seinem Großvater, König Gustaf V. von Schweden. Mindestens einmal im Jahr lud er sie auf die Mainau ein. »Ihre Koffer und Handtaschen füllten ein ganzes Auto. Es fehlten weder eine Nähmaschine noch Malutensilien und die Schreibmaschine, und mindestens zwei Kameras mit unterschiedlichen Negativformaten und mit dazugehöriger Optik waren immer dabei. Ein Dutzend Bücher auf Englisch und Französisch lagen auf dem Nachttisch und anderswo herum, und sie lebte in einer steten künstlerischen Unordnung, aus welcher sie jedoch immer mit unfehlbarer Sicherheit herausfand, was sie suchte«, berichtet Lennart Bernadotte in seiner Autobiografie.

Maria Pawlowna legte viel Wert auf gute Kleidung, entwarf und nähte alles selbst. Dazu brachte sie Stoffe, Muster, Entwürfe und Skizzen mit und verwandelte einen Teil des Kaminzimmers in kürzester Zeit in ein Schneideratelier. Dort traf sie auf optimale Arbeitsmöglichkeiten: viel Platz, gutes Licht und – meistens – gute Gesellschaft. Ohne Arbeit konnte sie nicht sein. Wenn sie nicht nähte, malte sie. Überall im Schloss hängen ihre Bilder: vorwiegend Landschaftsaquarelle, die von einer großen künstlerischen Begabung zeugen.

Im Nachhinein sieht Gräfin Birgitta ihre Großmutter als durch und durch widersprüchliche Persönlichkeit. Einerseits trauerte Maria Pawlowna alten Zeiten nach und versuchte, diese durch aristokratische Sitten zu konservieren – kamen Gäste ins Schloss, hielt sie regelrecht Hof –, andererseits stand sie mit beiden Füßen fest auf dem Boden. »Wäre sie nicht so tief im Leben verwurzelt gewesen, hätte es wohl auch nicht geschafft, sich durchzubeißen.« Eine Großfürstin, die sich nicht zu schade zum Arbeiten war – in Gräfin Birgittas Erzählung schwingt jetzt Bewunderung mit. Viel Energie habe Maria Pawlowna gehabt und sei gleichzeitig vom Leben gezeichnet gewesen. Immer habe man ihre Rastlosigkeit gespürt, die dazu führte, dass sie sich nirgendwo zu Hause fühlte. Oder war es umgekehrt: War sie so rastlos, weil sie kein Zuhausegefühl kannte? Dabei habe sie jedoch nicht unglücklich gewirkt, sondern sei von der Grundstimmung eher fröhlich, manchmal sogar ausgesprochen lustig gewesen.

Eigenartige Freundinnen und Freunde habe ihre Großmutter gehabt, erzählt Gräfin Birgitta: eine griechische Prinzessin sei darunter gewesen und einige sehr religiöse Russen. Maria Pawlowna selbst habe zwar immer eine Reise-Ikone im Gepäck gehabt, die sie in ihrem Zimmer aufstellte, aber das sei das Einzige gewesen, das auf ihren Glauben schließen ließ. Doch sei sie immer froh gewesen, wenn sie Russisch sprechen konnte.

Mit ihren Verwandten auf der Mainau verständigte sie sich auf Schwedisch. Von den Enkeln wurde sie »farmur« (schwedisch: Großmutter väterlicherseits), von ihrem Sohn »Marie« genannt. Zu seiner Verwunderung kannte sie sich mit den Sitten in Schweden sehr gut aus, obwohl sie nur wenige Jahre dort gelebt hatte. Manchmal trug sie sogar ihre schwedische Tracht – als Ehefrau Prinz Wilhelms war sie auch Herzogin von Södermanland gewesen. »Aber letztlich passten das Russische und das Schwedische einfach nicht zusammen«, resümiert Gräfin Birgitta, blickt zur Wand auf das Porträt Prinz Wilhelms und richtet das Wort an ihn: »Nicht wahr, Großvater, ich lüge nicht!«

Ihre letzten Lebensjahre verbrachte Maria Pawlowna in Konstanz, wo sie 1958 starb. Gräfin Birgitta berichtet, die Großmutter sei zum Schluss immer mehr in die Vergangenheit eingetaucht. Ihre Gedanken hätten sich nur noch um den Menschen gedreht, den sie am meisten geliebt hatte:

um Dmitri, ihren jüngeren Bruder. Er war bereits 1942 in Davos verstorben. Nach dem Tod seiner Schwester wurden seine sterblichen Überreste auf die Mainau gebracht, wo er neben ihr in der Schlosskirche St. Marien seine letzte Ruhestätte fand.

»Ich glaube, nein, ich bin mir sogar sicher, dass er der einzige Mensch war, den sie wirklich geliebt hat«, erklärt Gräfin Birgitta, als wir vor der Gruft in der Schlosskirche stehen, in der die Geschwister, die so oft im Leben getrennt wurden, nun wieder vereint sind.

Kapitel 1
Eine Großfürstin wird geboren

»Mein erstes ›öffentliches Auftreten‹ geschah, wie man mir erzählt hat, in einer goldenen, von sechs weißen Pferden gezogenen Kutsche, die berittene Husaren in roter Uniform begleiteten. So fuhr ich ins Winterpalais zu meiner Taufe«, heißt es in Maria Pawlownas Memoiren *Education of a Princess*. Sie wurde am 6. April (nach russischer Zeitrechnung) 1890 in Sankt Petersburg geboren – später feierte sie ihren Geburtstag am 19. April. Ihre Eltern, Großfürst Paul Alexandrowitsch und seine Ehefrau Alexandra, Prinzessin von Griechenland und Dänemark, teilten dem Zar umgehend das freudige Ereignis mit. Nachdem er Marias Namen ins Stammbuch eingetragen hatte, war ihre Zugehörigkeit zur Zarenfamilie besiegelt. Paul Alexandrowitsch war der jüngere Bruder des amtierenden Zaren Alexander III. Er war 1860 als sechster Sohn Alexanders II. geboren worden, würde also niemals eine Rolle in der Thronfolge spielen. Ihm wurde die übliche Erziehung für Großfürsten zuteil, in deren Zentrum die militärische Ausbildung stand. Er war beliebt bei seinen Verwandten. Sein Cousin, Großfürst Alexander Michailowitsch, schreibt in seinen Memoiren: »Er war der schönste aus der Familie, tanzte gut, wurde von den Frauen bewundert und wirkte sehr attraktiv in seiner Uniform, die ihm auf den Leib geschnitten zu sein schien.« Maria Pawlowna schwärmt: »Er war unendlich reizvoll. Jedes Wort, jede Bewegung, jede Geste war vornehm. Wer mit ihm in Berührung kam, fühlte sich von ihm angezogen.«

Die Geburt einer neuen Großfürstin war in Russland ein Ereignis von großer Bedeutung. Dementsprechend war die öffentliche Aufmerksamkeit: Zwei Wochen lang protokollierte man täglich den Gesundheitszustand von Mutter und Kind im Regierungsboten. Sogar auf der Titelseite des Blattes konnten die Leser sich über das Befinden von beiden informieren – bis hin zu Pulswerten und Körpertemperatur. Genau einen Monat später wurde die Taufe nach orthodoxem Ritus prunkvoll in der kaiserlichen Hofkirche des Winterpalastes gefeiert. Um die Zugehörigkeit der neuen Erdenbürgerin zur Romanow-Dynastie zu unterstreichen, wurde ihr von ihrer Taufpatin, der Zarin, der Katharinenorden verliehen. Die männlichen Großfürsten erhielten bei der Taufe den Andreasorden; beide Orden wurden bei allen offiziellen Anlässen getragen.

An der feierlichen Taufprozession durch Sankt Petersburg nahm die gesamte Zarenfamilie teil, jeder hatte seinen festen Platz, abhängig vom jeweiligen Rang. Der Zar zeigte sich als autokratischer Herrscher, demonstrierte seine enge Verbindung zur Kirche, manifestierte seine Herrschaft als gottgewollt.

Ansonsten waren in jenen Jahren öffentliche Auftritte der Zarenfamilie eher selten. Der regierende Zar Alexander III. scheute seit dem Attentat auf seinen Vater Alexander II. im Jahr 1881 die Öffentlichkeit. Schon seit langem war die autokratische Herrschaft der Romanows Kritik und Widerstand ausgesetzt, angefangen vom Dekabristenaufstand, der 1825 von Zar Nikolaus I. blutig niedergeschlagen wurde. Unter den Professoren und Studenten, aber auch unter den jungen Offizieren herrschte Aufbruchstimmung. Doch je heftiger die Forderungen nach Einführung einer konstitutionellen Monarchie wurden, desto stärker wurde das autoritäre System verfestigt. Mit Hilfe eines rigiden Überwachungsapparates und verschärfter Zensur sollten oppositionelle Bestrebungen im Keim erstickt werden. Nikolaus I. hatte damals nicht nur Wissenschaftler, sondern auch Künstler und Dichter, darunter Alexander Puschkin, Nikolaj Gogol und Michail Lermontow überwachen lassen. Nachdem in Frankreich die Republik ausgerufen worden war, fürchtete der Zar, dass sich auch in seinem Reich viele einflussreiche Intellektuelle für diese Staatsform stark machen würden.

Es rumorte im russischen Volk, die Rolle des Herrschers und vor allem die Privilegien seiner Familienmitglieder und die Erbfolge wurden in Frage gestellt. Die Kluft zum Volk schien unüberwindbar. Umso wichtiger waren Anlässe wie diese Taufe. Hier konnte sich die Dynastie als großzügige Gastgeberin präsentieren und mit den Untertanen gemeinsam feiern. Die ganze Stadt war hell erleuchtet und festlich geschmückt.

»Große Inszenierung« stand von Anfang an leitmotivisch über dem Leben Maria Pawlownas. Das Entrée hat sie zwar noch nicht bewusst erlebt, doch es wurde ihr so oft geschildert, dass sie den Eindruck gewann, alles selbst gesehen und gehört zu haben: den Taufzug durch die Stadt, die Zeremonie, die nach orthodoxem Ritus ohne ihre Eltern stattfand, das Te deum laudamus, das der Hofchor zum Abschluss sang.

Eine großfürstliche Existenz war ihr bestimmt, geprägt von Verpflichtungen und Reglementierungen, ihre Lebensaufgabe sollte Repräsentation sein. Ein Leben mit zahllosen

Privilegien, schließlich war sie in eine der reichsten Herrscherfamilien des 19. Jahrhunderts hineingeboren worden. Damals umfasste der engere Familienkreis mehr als fünfzig Personen und wuchs ständig. Rechtlich war die Dynastie unabhängig und ignorierte die allgemeingültigen Gesetze. Das einzige Gesetz, dem sie sich unterwarfen, war das Romanow'sche Familienstatut. Es bestimmte über Volljährigkeit, Ehe, Scheidung, Erbschaft. Die Mitglieder des Herrscherhauses unterstanden einzig ihrem gesetzlichen Oberhaupt, dem Zaren. Er war Vormund und Beschützer und beanspruchte Gehorsam, Ehrerbietung und Ergebenheit. Der Zar wollte seine Familie unter Kontrolle haben und Rivalitätskämpfe vermeiden. So verlangte er von den männlichen Dynastiemitgliedern, sobald sie volljährig waren, ein Loyalitätsbekenntnis, um seine Macht zu verfestigen.

Mit 51 Salutschüssen aus den Kanonen der Peter-und-Paul-Festung und dem Läuten der Kirchenglocken von Sankt Petersburg klang die Zeremonie aus, mit der Maria Pawlowna in den Kreis der Zarenfamilie aufgenommen wurde. Sie würde mit »Kaiserliche Hoheit« angesprochen werden, über ein eigenes Wappen und eine hohe jährliche Apanage verfügen.

Kapitel 2
Ein Zar als Großvater

Im Mainauer Schlossarchiv befindet sich eine Reihe von großformatigen Gemälden aus Russland, darunter ein Porträt des jungen Alexander II. Es zeigt einen kleinen Buben mit einem riesigen Gewehr. Die Waffe, die er in seinen Händen hält, scheint viel zu schwer für ihn zu sein, und – was noch auffälliger ist – er hält sie ohne Leidenschaft und Begeisterung. Er wirkt auf sonderbare Weise uninteressiert an der Waffe, die beinahe so groß ist wie er. Es scheint, als wäre sie ihm anvertraut mit der Anweisung, gut darauf aufzupassen und sie nicht fallen zu lassen. Von frühester Kindheit an war der Auftrag größer als der Mensch, dem er erteilt worden war. Und vor allem, es war ein Auftrag, der dem Wesen des Kindes so gar nicht entsprach und dennoch schicksalhaft wurde.

Alexander II. wurde 1818 als ältester Sohn Nikolaus' I. geboren. Er war damit Thronfolger. Seine Erziehung diente ausschließlich der Vorbereitung auf dieses Amt. Bereits im Dezember 1825 war dem Siebenjährigen mitgeteilt worden, dass er von nun an der Zarewitsch sei. Der kleine Junge, der gerade seiner Lieblingsbeschäftigung, dem Malen, nachging, wurde plötzlich durch Schüsse aus seiner kindlichen Versunkenheit herausgerissen und von einem Offizier in den Winterpalast gebracht, wo seine Mutter Alexandra Fjodorowna (Charlotte von Preußen) ihn erwartete. Der Kleine wusste nicht, wie ihm geschah, als ihm der Andreasorden umgehängt und er mit dem Zeichen des Kreuzes gesegnet wurde. Schließlich erschien sein Vater, ein großer grimmiger Mann, dessen Erscheinung schon Furcht einflößte, und berichtete, dass der Dekabristenaufstand nach kurzem Gefecht auf dem Platz des Senats niedergeschlagen worden sei. Dem Zarewitsch wurde eine Husarenuniform angezogen, dann präsentierte man ihn dem Gardebataillon als neuen Thronerben.

Der kleine Alexander fürchtete seinen Vater und liebte seine Mutter. Die beiden waren in ihrem Wesen grundverschieden: Der Vater war autoritär, hartherzig und arrogant, die Mutter schwärmerisch, großzügig und lebenslustig. Zunächst hatte sie auf die Erziehung des Sohnes wenig Einfluss. Als er sechs Jahre alt war, wurde diese Hauptmann Merder übertragen, der den Jungen auf seine spätere Aufgabe vorbereiten sollte. Mut, Disziplin, Kampfgeist bildeten die Pfeiler der Ausbildung. Von nun an waren die Geschenke, die Alexander zu Geburtstagen und anderen Festlichkeiten erhielt, Waffen: Gewehre, Säbel, Pistolentaschen. Doch Alexander war ein empfindsames, zur Nervosität und Träumerei neigendes Kind, das sehr oft in Tränen ausbrach. So auch damals, als ihm sein Vater mitteilte, dass er nun der Thronfolger sei, und er schwören musste, dieses geheim zu halten und niemandem davon zu erzählen. Allein die ernsten Gesichter der anderen Familienmitglieder hatten ihn zum Weinen gebracht. Er war überfordert und ließ seinen Emotionen freien Lauf – ein Verhalten, das er als Erwachsener beibehalten sollte.

Seine Mutter setzte sich schließlich mit ihrer Auffassung durch, dass eine rein militärische Ausbildung nicht ausreichte, um sich den Herausforderungen der Gegenwart zu stellen. Sie beeinflusste ihren Mann dahingehend, Wassili Schukowskij, den berühmten Dichter und Übersetzer, zur Erziehung ihres Sohnes hinzuzuziehen. Der damals dreiundvierzigjährige Schukowskij war der Sohn einer Sklavin und eines Gutsbesitzers. Sein Patenonkel, ein benachbarter Gutsbesitzer, adoptierte ihn und ließ ihm in Moskau eine hervorragende Ausbildung zukommen. Er gilt als Begründer der russischen Romantik, von dem sich Puschkin anregen ließ.

Noch vor Alexanders Geburt hat Schukowskij dem Kind eine Ode gewidmet, in der es hieß »Stets wisse, dass bei deiner hohen Sendung / des Menschen Würde ist das höchste Gut ... / das eigene Wohl vergiss für das der andern.« Daran knüpften die Gedanken an, die er später seinem Schüler mit auf den Weg gab: »Sei überzeugt, dass die Macht des Zaren von Gott stammt, aber dein Glaube daran soll so sein wie der von Marc Aurel. Auch Iwan der Schreckliche war dieser Überzeugung, aber er machte eine mörderische Verhöhnung Gottes und der Menschen daraus. Achte das Gesetz und bring den anderen durch dein Vorbild bei, es ebenfalls zu achten. Lerne die Bildung schätzen und trage zu ihrer Verbreitung bei. Achte auf die öffentliche Meinung. Wenn der Zar die Freiheit liebt, werden seine Untertanen den Gehorsam lieben. Die wahre Macht eines Herrschers beruht nicht auf der Menge seiner Soldaten, sondern auf dem Wohlergehen seines Volkes.« Schukowskij erarbeitete für seinen Zögling einen Lehrplan, wählte die Fächer und suchte die besten Lehrer aus. Alexander erhielt eine so umfangreiche und vielseitige Ausbildung, wie sie selbst in Herrscherkreisen unüblich war.

Sein Vater bestand allerdings darauf, dass Alexander mit

elf Jahren in die Kadettenschule eintrat, wo er zunächst zum einfachen Soldaten, dann zum Unteroffizier ausgebildet wurde. Alexander beugte sich zwar dem Drill, genoss sogar die Begleiterscheinungen, die Orden, Tressen, kleidsamen Uniformen, doch die eigentliche militärische Ausbildung interessierte ihn überhaupt nicht. Er blieb sensibel, weichherzig, träumerisch.

Im Alter von achtzehn Jahren wurde er, zusammen mit seinem Lehrer, auf eine ausgedehnte Reise durch Russland geschickt. Er sollte das Land kennenlernen, das er einmal regieren würde: dreißig Provinzen innerhalb von sechs Monaten. Dass es sehr anstrengend werden würde, war vom Vater beabsichtigt. Er hoffte, den Sohn dadurch aus seinem Phlegma herauszureißen, das er mit Sorge konstatierte. Alexander bestand die Prüfung und war damit der erste Romanow, der Sibirien bereiste. Zurück in Sankt Petersburg zeigten sich Spuren der Strapazen. Er war erschöpft und litt an Hustenanfällen. Eine Kur in Bad Ems sollte nicht nur Heilung bringen: Ein längerer Aufenthalt in Deutschland bot zugleich die Chance, nach einer standesgemäßen Braut zu suchen, denn in den dortigen Fürstenhäusern gab es einige heiratsfähige junge Frauen. Alexander führte eine Liste potentieller Kandidatinnen mit sich, die die Sankt Petersburger Hofkanzlei für ihn zusammengestellt hatte. Bei einer Theatereinladung Großherzog Ludwigs II. von Hessen-Darmstadt lernte er dessen Tochter Marie kennen. Sie war fünfzehn Jahre alt, zart und blass. Obwohl sie gar nicht auf der Liste stand, entschied er sich sofort für sie. Am 4. April 1840 fand die Verlobung, ein Jahr später, am 16. April 1841, die Hochzeit statt. Aus Prinzessin Marie von Hessen-Darmstadt wurde Zarin

Maria Alexandrowna. Schon im ersten Ehejahr wurde sie schwanger. Sie würde in den kommenden Jahren acht Kinder zur Welt bringen. Maria Pawlownas Vater Paul Alexandrowitsch war das jüngste und wurde 1860 geboren.

Nach seiner Heirat wurde Alexander zunehmend in Regierungsangelegenheiten einbezogen, wobei sich schnell herausstellte, dass er oftmals anderer Auffassung war als sein Vater. Nikolaus regierte mit eiserner Hand. Einschüchterung durch Machtdemonstration und präventive harte Strafen gehörten zu seinen bevorzugten Praktiken. Als Alexander II. schließlich seine Nachfolge antrat, bedeutete das ein schwieriges Erbe für den Siebenunddreißigjährigen: Russland befand sich im Krieg mit der Türkei und hatte eine starke europäische Koalition gegen sich. Gleichzeitig spitzte sich die innenpolitische Lage zu, das Zarentum war in einer Krise. Doch nach dem Tod seines Vaters blieb Alexander zunächst nichts anderes übrig, als das Versprechen zu erfüllen, das ihm der Vater abgefordert hatte, »alles zusammenzuhalten« und den Krieg gegen die Türkei weiterzuführen. Die russische Armee war schlecht ausgerüstet, hatte die Donau-Fürstentümer aufgeben müssen, die Krim stand unter Beschuss der Koalition aus Franzosen und Engländern. Erst nachdem Sewastopol gefallen war, ließ sich Alexander auf Friedensverhandlungen ein. Der Friedensvertrag, der am 30. März 1856 in Paris geschlossen wurde, bedeutete für Russland die militärische Niederlage.

Innenpolitisch hatte sich Alexander von Anfang an neue Ziele gesetzt: Er wollte das Vertrauen der Intellektuellen gewinnen. Die Zahl der Studenten an den Universitäten sollte nicht länger beschränkt sein, außerdem sollten sie wieder ins Ausland reisen dürfen, um sich weiterzubilden. Er lockerte die Zensur. Nun durften unter anderem auch die Werke Nikolaj Gogols, die unter Nikolaus verboten waren, wieder gedruckt werden.

Die umfassendste Reform jedoch, die Alexander umsetzen wollte, war die Abschaffung der Leibeigenschaft, die er als nicht mehr zeitgemäß und vor allem als unmenschlich empfand. Russland hatte damals 61 Millionen Einwohner, 50 Millionen waren leibeigene Bauern, etwas über die Hälfte davon gehörten der Krone, die anderen kleineren und größeren Grundbesitzern. Bereits in den ersten Wochen seiner Regierungszeit hatte Alexander in Moskau russischen Adeligen erklärt, dass das Problem der Leibeigenschaft nur von oben und sofort zu lösen sei. Er forderte die Adeligen zur Kooperation auf. Doch nur wenige erklärten sich bereit, auf ihre Privilegien zu verzichten. Dennoch ließ er sich nicht entmutigen, und am 19. Februar 1861 war es endlich so weit: Alexander II. unterschrieb das Statut, das die Leibeigenschaft aufhob. Das Volk feierte ihn mit Kundgebungen und Straßenfesten als Befreierzar. Die Freude hielt nicht lange an. Sie endete, als die Leibeigenen erfuhren, dass es eine zweijährige Übergangszeit geben würde. Um die Befreiung zu realisieren, waren neue Organisationsformen notwendig: Friedensrichter wurden zur Vermittlung zwischen Großgrundbesitzern und Leibeigenen eingesetzt. In den Provinzen wurden Semstwos, lokale Selbstverwaltungsgremien, installiert, in denen alle gesellschaftlichen Schichten vertreten waren. Diese Gremien fanden in den Dumas der Städte ihre Entsprechung.

Alexander führte sein Reformwerk kontinuierlich fort, setz-

te auf Dialog und Offenheit, stellte sogar Regierungsent-
scheidungen zur Diskussion. Er baute das Eisenbahnnetz
aus, gründete neue Gymnasien, auch für Mädchen, und ermöglichte Frauen die Lehrerinnenausbildung. Die Künste –
Malerei, Musik, Literatur – erfuhren einen Aufschwung: So
erschienen in der Jahren seiner Regentschaft die Romane
Dostojewskis, Tolstojs und Turgenjews. Im Zuge der Abschaffung der Leibeigenschaft waren Reformen der Verwal-
tung und der Rechtsprechung notwendig geworden. Letzte-
re sollte »rasch, barmherzig und für alle gleich« sein, und so
entstanden Gesetze, die damals zu den modernsten in Europa gehörten.

Doch seine humanitären Leistungen wurden nicht von
allen geachtet. Am 4. April 1866 musste Alexander erstmals
am eigenen Leib erfahren, wie groß der Hass und die Entschlossenheit seiner Gegner sein konnten. Auf dem Rück-
weg von seinem täglichen Spaziergang im Sommergarten
trat ihm plötzlich ein Mann entgegen und richtete eine Pis-
tole auf ihn. Glücklicherweise warf sich ein Bauer dazwi-
schen, so dass der Schuss abgefälscht wurde und sein Ziel
verfehlte. Bei dem Attentäter handelte es sich um einen Studenten, der einem der Geheimbünde angehörte, die sich
mittlerweile wieder im Umkreis der Universitäten gebildet
hatten.

Es war eine schwere Zeit für Alexander, auch privat. Schon
seit längerem bestand die Ehe mit Maria Alexandrowna, die
so vielversprechend begonnen hatte, nur noch auf dem Papier. Das Leben am Hof mit seinen Repräsentationspflichten empfand die aus Hessen stammende Herrscherin als genauso anstrengend wie das feuchtkalte Klima Sankt Peters-

burgs. Sie wirkte erschöpft und früh gealtert. Als Deutsche auf dem Zarenthron bemühte sich Maria Alexandrowna – wie viele ihrer Vorgängerinnen –, russischer als die Russinnen zu sein und vertrat konservative Werte.

Alexander bedauerte die Entfremdung, die zwischen ihm und seiner Frau eingetreten war. Mit 47 Jahren fühlte er sich zu jung für ein enthaltsames und vergeistigtes Dasein und suchte das, was er zu Hause nicht bekam, woanders. Nach einigen harmloseren Liebeleien traf er schließlich auf die Frau, die die Liebe seines Lebens werden sollte. Und da dieses große Gefühl von ihr mit gleicher Heftigkeit und Zärtlichkeit erwidert wurde, begann eine der außergewöhnlichsten und berührendsten Liebesgeschichten überhaupt. Katharina, genannt Katja, Dolgorukij war siebzehn Jahre alt, als diese Geschichte ihren Lauf nahm. Sie war die Tochter des verarmten Fürsten Michail Dolgorukij. Nach dem frühen Tod des Vaters wurden die Kinder unter kaiserliche Obhut gestellt. Bei einem Spaziergang traf sie zufällig den Zar. Nach dieser ersten Begegnung verabredeten sie sich regelmäßig im Palais von Babygone am Rand des Parks von Peterhof. Alexander war so erfüllt von Katja, dass er kein schlechtes Gewissen empfand. Eine derart überwältigende Begegnung konnte in seinen Augen kein Unrecht, sondern nur gottgewollt sein. Bald bemühten sich die beiden nicht mehr, ihre Beziehung zu verbergen.

Im März 2007 tauchten sieben Liebesbriefe des Paars auf einer Versteigerung des Kölner Auktionshauses Venator und Hanstein auf, die in den Medien großes Aufsehen erregten. Vier Briefe stammten aus der Hand des Zaren, drei hatte Katja geschrieben. Sie verblüfften vor allem durch die Freizügigkeit, mit der die beiden ihr Sexualleben darstellten. Für den Liebesakt hatte die junge Frau das Wort »Bingerle« erfunden. »Ich brauche dir nicht zu erklären, denn du hast es selbst gesehen und gefühlt, dass unsere Bingerles mir, so wie dir, den Taumel der Lust gegeben haben«, schrieb Alexander im Februar 1869 an Katja. Ihre Korrespondenzsprache war Französisch, versehen mit russischen Einsprengseln. Der Diskretion halber nannten sie sich nicht bei Namen, ansonsten waren sie frei und offen. Beinahe aus jeder Zeile spricht rückhaltloses Begehren, die bedingungslose Lust aufeinander, die Freude auf den Körper des Liebsten, die von keinerlei Schamgefühl getrübt wurde. Alexander nennt sich »petit mari«, berichtet seiner »adorable petite femme« von seinem Alltag zwischen offiziellen Terminen und wird nicht müde, ihr zu versichern, dass es die Bingerles seien, die ihn seine gegenwärtige Existenz ertragen ließen. Vor allem Katja war es, die die erotische Schreibweise kultivierte – vielleicht inspiriert durch die Lektüre französischer Literatur, in der das Thema Erotik salonfähig war –, sexuell anregend, aber nie obszön, immer sehr phantasievoll, wenn sie ihr Verlangen und ihre Praktiken offen und freizügig beschrieb. Sogar ihre Schwangerschaft empfand sie selbst als lustverstärkend und versprach auch ihm: »Mein kleiner Bauch wird deine Tollheit verdoppeln.«

Es dauerte nicht lange, bis ihre Verbindung in Sankt Petersburg offiziell wurde. Die Zarin bagatellisierte die Beziehung zuerst als vorübergehende Affäre ihres Mannes, litt jedoch zunehmend unter der Zurücksetzung, die sie erfuhr. Denn auch politische Fragen besprach Alexander nun vorwiegend mit seiner Geliebten und vertraute auf ihren Rat.

Wenige Jahre nachdem Alexander mit Kaiser Wilhelm I. und Kaiser Franz Joseph I. ein Dreikaiserabkommen zur Sicherung des europäischen Friedens abgeschlossen hatte, flammten die Konflikte mit der Türkei wieder auf. Im April 1877 erklärte Russland der Türkei den Krieg. Er bot die Chance, von den innenpolitischen Konflikten mit neuen Oppositionsbewegungen abzulenken. Diese hatten sich in den letzten Jahren formiert und waren weitaus entschlossener und gewaltbereiter als in den vergangenen Jahrzehnten. Der Krieg forderte zahllose Opfer, verschlechterte das Verhältnis Russlands zu den anderen europäischen Ländern und stieß im russischen Volk auf Unverständnis und Ablehnung.

Alexander befand sich nun außen- wie innenpolitisch in einer prekären Situation. Sein humanitäres Engagement und sein liberales Reformwerk waren in den Hintergrund gedrängt worden vom allgemeinen Unmut über einen Krieg, den er nicht hatte führen wollen. Am 2. April 1879 wurde Alexander erneut Zielscheibe eines Angriffs. Ein junger Lehrer gab in der Nähe des Schlosses mehrere Revolverschüsse ab, die den Zar verfehlten. Ende November folgte der nächste Anschlag. Er galt dem Zug, in dem Alexander von der Krim, wo er den Herbst verbracht hatte, zurück nach Sankt Petersburg fuhr. Die Bombe explodierte unter dem Gepäckzug, so dass niemand zu Schaden kam. Kurze Zeit später war der Winterpalast Schauplatz eines Attentats. Wie durch ein Wunder entging Alexander auch diesmal dem Anschlag. Zwar war eine Bombe – planmäßig – im Speisesaal explodiert, doch der Zar und seine Gäste hatten sich noch im Nebenraum aufgehalten. Alexander begann in dem Bewusstsein der allgegenwärtigen Bedrohung zu leben.

Am 22. Mai 1880 starb Zarin Maria Alexandrowna. Sie verbrachte ihre letzten Stunden in Sankt Petersburg, während sich ihr Mann mit Katja in Zarskoje Zelo aufhielt. Für ihn stand unumstößlich fest, dass er nach Ablauf einer angemessenen Wartezeit seine Geliebte heiraten würde. Endlich konnte er das Versprechen, das er ihr vor vierzehn Jahren gegeben hatte, erfüllen. Einwände aus seinem engsten Beraterkreis ließ er nicht gelten. Am 18. Juli 1880 fand in Zarskoje Zelo die Trauung statt.

Wenige Wochen später wurde ein erneuter Anschlag auf Alexander vereitelt, weil die Polizei rechtzeitig eine Mine unter den Eisenbahnschienen fand, die er hätte passieren sollen. Alexander reagierte wie immer mit einem gewissen Fatalismus. Längst war ihm sein Liebes- und Familienleben wichtiger geworden als seine staatsmännischen Pflichten. Sein Plan war, Katja zur Zarin zu krönen, nach Jahresfrist abzudanken, seinen Sohn Alexander als Nachfolger einzusetzen und sich mit seiner Familie in Nizza an der Cote d'Azur niederzulassen. Doch dies sollte ein Traum bleiben.

Am 1. März 1881 – kurz nachdem er ein Dokument unterzeichnet hatte, das seine eigene Macht zugunsten einberufener Kommissionen aus gewählten Volksvertretern einschränkte – wich er auf dem Weg zum Winterpalast von der üblichen Strecke ab, um seine Lieblingscousine zu treffen. Diesmal warteten gleich mehrere Attentäter auf ihn. Am Kai des Katharina-Kanals warf der erste seine Bombe. Der Zar blieb unverletzt. Doch als er zwei Kosaken und einen Bäcker, der zufällig dort vorübergegangen war, schwer verwundet am Boden liegen sah, sprang er aus der Kutsche, um zu helfen. In diesem Moment wurde die zweite Bombe geworfen. Der schwer verletzte Zar wurde sofort in den Winterpalast gebracht, wo Katja die Ärzte bei der medizinischen Versorgung unterstützte. Er starb um kurz nach halb vier. Am nächsten Tag wurde sein Leichnam im Winterpalast aufgebahrt und am 7. März 1881 in die Peter-und-Paul-Kathedrale überführt. Bei der Trauerfeier brach Katja zusammen. Nur wenige Tage später verließ sie Russland und kehrte nie wieder zurück. Sie zog mit ihren Kindern dorthin, wo sie gemeinsam mit Alexander hatte leben wollen: nach Nizza.

Nachfolger des Ermordeten wurde sein Sohn Alexander Alexandrowitsch. Als Alexander III. bestieg er im Frühjahr 1881 den Zarenthron. Er war der Onkel Maria Pawlownas, ein älterer Bruder ihres Vaters Paul Alexandrowitsch.

Kapitel 3
Einsame Kindheit im Kreml

Maria Pawlowna war eineinhalb Jahre alt, als sie ihre Mutter verlor. Die einundzwanzigjährige Alexandra Georgiewna hatte im September 1891 gerade ihr zweites Kind, Dmitri, zur Welt gebracht und war wenige Tage nach der Geburt gestorben. Von Anfang an sorgte ihr früher Tod für Legendenbildung. Dazu trug Maria Pawlowna später verstärkt bei, obwohl sie keine eigenen Erinnerungen an ihre Mutter hatte, sondern nur durch die Erzählungen anderer von ihr wusste. Eine Version des Todes ihrer Mutter lautete, sie sei plötzlich erkrankt, ins Koma gefallen und ihr Sohn sei geboren worden, ohne dass sie das Bewusstsein erlangt hatte. Einer anderen Version zufolge hatte unvorsichtiges Verhalten eine Frühgeburt ausgelöst. Das Koma sei erst nach der Geburt ihres Sohnes eingetreten.

Alexandra Georgiewna hatte nur für kurze Zeit in Russland gelebt. Im Herbst 1888 war der achtundzwanzigjährige Paul Alexandrowitsch nach Griechenland gereist, hatte um ihre Hand angehalten und sich umgehend mit ihr verlobt. Prinzessin Alexandra von Griechenland und Dänemark war seine zehn Jahre jüngere Cousine, die Tochter des griechischen Königs Georg I. und der Großfürstin Olga Konstantinowa. Paul kannte sie schon seit seiner Kindheit. Er hatte oft den Winter am griechischen Königshof verbracht, weil das milde Klima seiner Gesundheit guttat. Im Juni 1889 fand die Hochzeit in Sankt Petersburg statt. Von Anfang an war Alexandra am russischen Hof sehr beliebt. Sie war charmant, freundlich und hatte Manieren – was man nicht von allen jungen Romanows behaupten konnte.

Im Nachhinein hat Maria Pawlowna ihre Mutter verklärt. Sie schildert sie in ihrer Autobiografie wie eine Märchenfigur. Alexandra Georgiewna repräsentiert für sie all das, was ihr im Leben so schmerzlich gefehlt hat und was ihr weder ihre Pflegemutter noch ihre Erzieherinnen zu geben vermochten: Liebe und Verständnis. »Wer meine Mutter kannte, liebte sie. Die Fotografien, die ich von ihr habe, zeigen eine schöne Frau; weich und zart ist der Ausdruck ihres fast kindlichen Gesichts, ihre Augen sind groß und etwas versonnen, unendliche Güte strahlt ihre seltsam reizvolle Person aus.« Das Volk habe sie verehrt, ihren frühen Tod betrauert und ihre Beerdigung wie eine Prozession gestaltet. Durch ein Meer von Blumen seien die Menschen geschritten. Man habe eher den Eindruck gehabt, einer Hochzeit beizuwohnen als einer Bestattung.

Maria und ihr Bruder Dmitri litten zeitlebens darunter, ohne mütterliche Zuwendung aufgewachsen zu sein, wie Maria Pawlowna immer wieder in aller Deutlichkeit berichtet. Anfangs war es fraglich gewesen, ob Dmitri überleben würde, so klein und schwach war er. »Bei dem verzweifelten Zustand meiner Mutter, bei all dem Kummer und der Aufregung vergaß man das Neugeborene fast vollständig. Als meine alte englische Kinderfrau, so erzählte sie mir später, das Zimmer betrat, um sich nach dem Befinden der Mutter zu erkundigen, lag das Kind nachlässig in Decken gepackt auf einem Stuhl.« Man packte das Kind in Watte und legte es, zusammen mit Wärmflaschen, in eine Wiege. Der Kleine erholte sich schnell.

Die Verwandten kümmerten sich kaum um die beiden Halbwaisen. Ihr Vater war als Kommandant der berittenen Leibgarde des Zaren viel unterwegs. Wenn er zu Hause war, widmete er sich Maria und Dmitri, doch er kam viel zu selten und blieb stets nur kurze Zeit. Dennoch: Seine Auftritte – er erschien in prächtiger Uniform – waren Lichtblicke in ihrer Kindheit, die von den Geschwistern ansonsten als ebenso freudlos, düster und langweilig empfunden wurde wie die Räume, in denen sie wohnten. Es waren repräsentative Räume, prunkvoll ausgestattet, jedoch ohne Wärme. Die Geschwister fühlten sich darin fremd und fehl am Platz, obwohl sie konkrete Aufgaben hatten: Als Großfürstin und Großfürst mussten sie schon früh familiären Verpflichtungen nachkommen. Fürstliche Empfänge, Teegesellschaften mit Cousinen und Cousins, Ausflüge in prunkvollen Karossen, orthodoxe Zeremonien standen auf der Tagesordnung. Doch inmitten dieses organisierten familiären Geschehens überwog das Gefühl der Einsamkeit, denn gleichaltrige Freunde hatten sie nicht. Es gab für sie keine Möglichkeit, Menschen außerhalb des familiären Kontexts kennenzulernen. Jeder Schritt war vorgegeben, jede Begegnung geplant – ein Marionettendasein, das Maria schon als Kind ablehnte.

Glücklicherweise hatten die Geschwister einander und wuchsen in den ersten Jahren ihrer Kindheit zusammen auf. Ihre Zimmer – das Reich der Kinder – waren in der zweiten Etage des Palastes an der Newa eingerichtet und von den Räumen der Erwachsenen getrennt. »Aus den Frontfenstern der zweiten Etage hatte man einen weiten Blick über den Fluss, der im Sommer von vielen Schiffen belebt wurde«, erinnert sich Maria Pawlowna. Erzogen wurden sie von der englischen Kinderfrau Nanny Fry und deren Assistentin Lizzie Grove. Als Sechsjährige habe sie daher fast nur Englisch und kaum Russisch gesprochen. Es ist die Sprache, in der sie sich mit ihrem ersten Ehemann verständigen wird.

Die Welt der Kinder war damals von der Welt der Erwachsenen streng getrennt. Dass ein Vater sich seinen Kindern an seinen freien Abenden widmete, war nicht üblich. Paul Alexandrowitsch tat es dennoch, weil er spürte, dass Maria und Dmitri unter ihrer Mutterlosigkeit litten. Als sie sechs und sieben Jahre alt waren, kam er noch häufiger zu ihnen, aß mit ihnen gemeinsam zu Abend und ließ sich erzählen, wie sie den Tag verbracht hatten. Er wollte wissen, was sie im Unterricht gelernt hatten. Oft las er ihnen vor. In ihrer Autobiografie bezeichnet Maria Pawlowna diese abendlichen Vorlesestunden ihres Vaters als die Höhepunkte des Tages. »Vater las gut und mit viel Freude. Meine immer wache Phantasie illustrierte die packenden Erzählungen besser, als irgendein Künstler es vermocht hätte. Immer lebendiger wurden diese Bilder, bis sie für mich fast Wirklichkeit wurden. Wenn der Vater aufhörte zu lesen, glaubte ich, aus einem Traum zu erwachen; qualvoll war diese Rückkehr ins Leben.«

Mit Vollendung ihres sechsten Lebensjahres kamen Veränderungen auf Maria zu, die ihr nicht gefielen. Sie wurde nun – bis zu ihrer frühen Heirat – von einer Hofdame der Zarin standesgemäß in ihre künftigen Aufgaben eingewiesen. Damit ging ein Stück kindlicher Freiheit verloren. Auch ihr Bruder Dmitri erhielt einen eigenen Erzieher, so dass die Geschwister – und das war das eigentlich Schlimme – zeitweise getrennt waren. Doch wann immer es möglich war, trafen sie sich. Sie hatten sich von klein auf an eng miteinander verbündet, gaben einander Halt und Trost, jetzt vertieften sie ihre Beziehung. Die Rollenverteilung stand fest: Maria war die große Schwester. Sie dominierte und erklärte ihrem nur unwesentlich jüngeren Bruder gern die Welt. Er war aufmerksamer Gesprächspartner, ein geduldiges Gegenüber. Und umgekehrt gab sie ihm Orientierung und weibliche Zuwendung.

In den Sommern wurden sie für längere Zeit nach Iljinskoje bei Moskau zu ihrem Onkel Sergej und ihrer Tante Elisabeth, Elisaweta Fjodorowna, genannt Tante Ella, geschickt. Sergej war der ältere Bruder ihres Vaters und von seinem Bruder, Zar Alexander III., zum Gouverneur von Moskau ernannt worden. Elisabeth stammte aus dem Haus Hessen-Darmstadt und war die Schwester der Zarin. Das kinderlose Paar, das im Kreml lebte, waren die einzigen in der Verwandtschaft, die sich um die Kinder kümmerten.

Die russische Familie war patriarchalisch organisiert; als Hausvorstand galt der Vater, der Fürsorgepflicht und Befehlsgewalt über alle Familienmitglieder ausübte. Die Eltern waren Autoritätspersonen, wurden also eher gefürchtet als geliebt. Die Väter hielten sich fern von Alltagsproblemen, fühlten sich dafür nicht zuständig. Die Mütter gingen ihren eigenen Interessen nach oder übten sich in Muße, was als besonderes Privileg ihres Standes galt. Es waren die Ammen, die den Kindern Liebe und vor allem auch körperliche Nähe und Wärme gaben, die »Njanjas«. Sie spielten eine wichtige Rolle in der Sozialisation, waren von frühester Kindheit an die engsten Bezugspersonen und genossen das Vertrauen ihrer Zöglinge, die sie oft bis ins Erwachsenenalter begleiteten.

Doch Mitte des 19. Jahrhunderts tauchten innerhalb der Aristokratie neue Erziehungsmodelle auf, in denen die Bedeutung der Eltern für ihre Kinder in den Mittelpunkt gestellt und familiäre Bande zunehmend auch als emotionale Verhältnisse betrachtet wurden. Zuerst übernahmen die westlichen Adelshäuser das bürgerliche Familienmodell, Russland folgte etwas später. Zar Nikolaus I., Maria Pawlownas Urgroßvater, war der erste Herrscher aus der Romanow-Dynastie, der sich als »Mann der Familie« verstand und die Wertevermittlung nicht an Angestellte delegieren, sondern selbst vornehmen wollte. Erziehung galt als wesentliches Element der Machterhaltung und der Ausbildung des Familienbewusstseins. Diese Einstellung gewann zunehmend an Einfluss.

Ein beinahe bürgerliches Familienleben führte der letzte russische Zar Nikolaus II. Seine Frau Alexandra Fjodorowna, die aus dem Herzogtum Hessen-Darmstadt stammte, spielte von Anfang an eine Sonderrolle am Zarenhof. Sie verweigerte sich und war nicht bereit, sich von der Petersburger Hofgesellschaft dominieren zu lassen. Sie nahm nur die Repräsentationsfunktionen wahr, die unbedingt notwendig waren und hielt ihre Familie – ihre fünf Kinder – weitgehend von der Öffentlichkeit fern. Wann immer es möglich war, zog sie sich mit ihren Kindern in den Alexander-Palast von Zarskoje Zelo zurück. Sie verzichtete sogar auf eine Gouvernante, um die Erziehung selbst zu übernehmen. Das wurde innerhalb der Petersburger Hofgesellschaft kritisch beäugt. Alexandra unterrichtete ihre Kinder in den ersten Jahren selbst, gab ihnen Bücher zu lesen und studierte Theaterstücke mit ihnen ein, die sie ihrem Vater vorspielten.

Er liebte es, mit seinen Kindern zusammen zu sein. Ein besonders inniges Verhältnis hatte er zu seiner ältesten Tochter Olga. Maria Pawlowna blickte sehnsüchtig auf die Familie ihres Onkels. So ein intaktes Familienleben hätte sie auch gern gehabt. Olga war fünf Jahre jünger als sie, und Maria beneidete sie später noch oft um die enge Beziehung zu ihrem Vater. Marias Vater hingegen führte ein Leben, von dem seine Kinder weitgehend ausgeschlossen blieben.

Als er ihnen 1897 mitteilte, dass er mit ihnen gemeinsam den Sommerurlaub an der französischen Atlantikküste verbringen wollte, waren Maria und Dmitri überglücklich. Es war für die Kinder eine paradiesische Zeit, die im Nachhinein allerdings durch eine Entdeckung getrübt wurde: Sie waren nicht allein mit ihrem Vater unterwegs, doch das war ihnen während der Ferien gar nicht aufgefallen. Olga Pistohlkors, die damals noch verheiratete Geliebte des Vaters, machte am selben Ort Urlaub. Schon im Januar 1897 war ihr gemeinsamer Sohn Wladimir geboren worden. Anschließend rekonstruierte Maria die Situation am Atlantik. Sie hatte geglaubt, ihr Vater sei mit ihnen verreist, um endlich einmal länger mit ihnen zusammen sein zu können. Doch anscheinend spielte die Geliebte eine nicht unerhebliche Rolle. Ein Schatten hatte sich über ihr Glück gelegt und war nicht mehr zu vertreiben. Die nachträgliche Entdeckung war für Maria besonders schlimm, weil sie dadurch an sich selbst zweifelte. Immer wieder ließ sie die Urlaubstage Revue passieren und überlegte, wann Olga wohl in der Nähe gewesen war. Sie fühlte sich durch das Verhalten ihres Vaters zutiefst verletzt.

In diesem Zusammenhang erinnerte sie sich daran, wie

sie einmal mit Dmitri zu ihrem Vater gegangen war und ihn nicht, wie gewohnt, allein in seinem Arbeitszimmer angetroffen hatte: »Er saß in seinem Lehnsessel und vor ihm stand, mit dem Rücken uns zugewandt, eine Frau. Als wir eintraten, wandte sie sich um und wir erkannten sie. Wie sie hieß, wussten wir nicht, aber gesehen hatten wir sie schon. Eines Tages waren wir in Zarskoje Selo auf dem Teich gerudert, während sie am Rand des Teichs spazieren ging. Sie trug damals einen weißen Rock und ein rotes Jackett mit goldenen Knöpfen. Sie war sehr schön und hatte uns freundlich zugelächelt und zugewinkt, was wir beides nicht erwiderten. Warum wir das, was nun folgte, taten, weiß ich nicht: wir schlossen sofort wieder die Tür und liefen trotz der Rufe meines Vaters fort. Im Vorzimmer hielt ein Diener einen Zobelpelz; unbekannter Duft erfüllte die Luft.«

Nachdem Paul Alexandrowitsch sich zu seiner Liebe bekannt und vergeblich beim Zar, seinem Neffen, um eine Heiratserlaubnis bemüht hatte, verließ er 1902 Russland. Maria und Dmitri kamen in die Obhut ihres Onkels Sergej Alexandrowitsch und ihrer Tante Elisabeth. Das kinderlose Paar hatte Maria und Dmitri bereits 1892 zu seinen Erben eingesetzt.

Sergej Alexandrowitsch galt als arrogant, streng bis zur Grausamkeit und war unbeliebt. Seine Härte war sprichwörtlich. Doch es gab auch andere Auffassungen: Denen zu Folge sei er eigentlich schüchtern, im familiären Umfeld freundlich und nur in der Rolle des Gouverneurs hart und autoritär gewesen. Zweifellos war er ein glühender Anhänger der Autokratie, hielt sie für unwiderruflich, weil gottgewollt. Daher lehnte er jegliche Reformbewegungen ab.

Im Gegensatz zu Sergej war seine Frau – Elisabeth von Hessen-Darmstadt – allgemein beliebt: schön, klug, humorvoll und kultiviert. Nachdem sie Sergej 1884 geheiratet hatte, trat sie vom protestantischen zum orthodoxen Glauben über. Damit war der Grundstein für ein stark religiös geprägtes Leben gelegt, das die weitere Erziehung Marias und Dmitris bestimmen sollte. Maria Pawlowna empfand sowohl den Onkel als auch die Tante als kalt und distanziert, ihre Kindheit traurig, die Erziehungsauffassungen der Pflegeeltern rückständig. Immer wieder zieht sie Vergleiche mit der Zarenfamilie. Dort herrsche eine warme familiäre Atmosphäre: »zärtlich, einfach und ruhig«. Dadurch habe sie eigentlich erst erfahren, dass so etwas auch möglich war. Ihrem Ehemann Prinz Wilhelm von Schweden wird sie später schreiben, ihre Tante habe sich niemals wirklich für sie interessiert, sie nie verstanden. Anders sei es bei ihrem Onkel gewesen. Sergej habe sich zwar um sie bemüht, doch sie habe ihn nicht gemocht. Da sei sie sich mit ihrem Bruder Dmitri einig gewesen: »Wir konnten ihn nicht leiden.«

Es scheint, als habe ihre Tante zwar ihre Pflicht erfüllt: zwei Halbwaisen mit einem Vater, der ein liederliches Leben führte, ein Zuhause zu geben, aber nur formal. Ihr Herz war nicht dabei. Daher kamen die Kinder und sie einander nicht näher. Doch Maria hat ihrer Tante wohl auch keine Chance gegeben – zwei Menschen, die offensichtlich überhaupt nicht zueinander passten. Maria Pawlowna war nicht ohne schlechtes Gewissen. In ihren Briefen erwähnt sie einige Annäherungsversuche ihrer Tante, die sie jedoch jedes Mal zurückwies. Sie fühlte sich unverstanden und ungeliebt. Die Tante war nicht bereit, mit ihr über die Fragen zu sprechen, die ein junges Mädchen bewegten. Da, wo Einfühlungsvermögen und Offenheit notwendig gewesen wären, reagierte sie mit religiösen Unterweisungen und Vorschriften. Selbst von ihrem Onkel fühlte sich Maria besser verstanden als von ihrer Tante, doch auch er repräsentierte einen rigiden Verhaltenskodex, und seine Versuche, seinen Bruder bei dessen Kindern zu diffamieren, durchschaute Maria sofort. Allein schon damit hatte er bei ihr verspielt. Auch wenn sie von ihrem Vater enttäuscht war, ließ sie auf ihn nichts kommen. Wer über ihren Vater schlecht redete, hatte von ihr nichts zu erwarten.

Maria Pawlowna profitierte von der Bildungsreform ihres Großvaters und erhielt eine sehr gute Ausbildung. Zunächst wurden sie und Dmitri gemeinsam zu Hause unterrichtet, bis Dmitri in die Kadettenanstalt eintrat. Maria war sechs Jahre als, als der Unterricht bei ihrer Gouvernante, einer ehemaligen Hofdame der Zarin Alexandra, begann: Mlle. Hélène oder Miss June. Zwölf Jahre lang wurde sie von ihr erzogen. Hauptfächer waren Russisch, Religion und Klavierspielen. Französisch, die traditionelle Adelssprache, wurde zunehmend durch Deutsch und Englisch ersetzt. Als Marias Verlobung mit dem schwedischen Prinzen Wilhelm in Aussicht stand, kam Schwedisch dazu.

Auch der Lehrerin warf Maria mangelndes Verständnis vor. »Gute Manieren, Verhalten und Demut« waren Miss Junes Erziehungsziele. Neugier und Wissbegierde wurden, wenn sie über den normalen Unterrichtsstoff hinausreichten, mit der Forderung nach Gehorsam und Unterordnung erstickt. Später akzeptierte Maria die Autorität der Lehrerin nicht mehr, verbat sich Einmischung und behandelte sie arrogant. Die Wunde, die der frühe Tod der Mutter verursacht hatte, war nicht verheilt. Sie schuf sich das perfekte Bild einer Mutter, die all das gab, was ihr fehlte. An diesem Wunschbild mussten die realen Ersatzmütter zwangsläufig scheitern. Da war jedes Bemühen vergeblich.

Oft zog sich Maria in die Welt der Phantasie zurück. Sie war schon als Kind eine begeisterte Leserin und blieb es zeitlebens. Lesen und Vorlesen hatte in der Familie Tradition: Nicht nur der Vater las ihnen vor, auch die Pflegeeltern. Onkel Sergej war ein exzellenter Literaturkenner und bestrebt, bei Maria und Dmitri die Liebe zur Literatur zu wecken.

Als Maria als Ehefrau Prinz Wilhelms von Schweden nach Stockholm übersiedelte, nahm sie über 700 Bücher mit. Bei der Hälfte handelte es sich um Romane in fünf verschiedenen Sprachen. Die meisten, mehr als ein Drittel, in Russisch, dann folgten Deutsch, Französisch, Englisch. Weiterhin umfasste ihre Bibliothek 120 Geschichtsbücher und 100 religiöse Bücher, außerdem Kinder- und Mädchenbücher, Frauenbiografien, Frauenreiseberichte, Geographiebücher, naturwissenschaftliche Bücher, Grammatiken, Lexika, Wörterbücher, Liederbücher, Kunstbände und Noten.

Maria Pawlownas Bibliothek enthielt die Gesamtausgaben aller wichtigen russischen Autoren: Lermontow, Tolstoj, Puschkin, Turgenjew, Gogol. Russische Literatur wurde bei den Romanows hoch geschätzt. Natürlich zählte auch die russische Geschichte zur Pflichtlektüre.

Unter den englischen Büchern waren die Werke von Charles Dickens, Harriet Beecher Stowes *Onkel Toms Hütte*, Lewis Carrolls *Alice im Wunderland* sowie die Bestseller von Sir Walter Scott und Wilkie Collins. Auf Deutsch las sie die Klassiker – Goethe, Schiller, Lessing –, die beliebten Marlitt-Romane und Emmy von Rhodens Jungmädchen-Bestseller *Der Trotzkopf*. Unter den französischen Werken ihrer Bibliothek befanden sich neben Molière, Racine, Hugo die Bücher von George Sand.

Vielleicht prägten drei Protagonistinnen Maria Pawlownas Leben in besonderer Weise: Da war zunächst die kleine Alice, die der britische Schriftsteller Lewis Carroll in ein Wunderland schickt. Dort erlebt sie surreale Abenteuer: Nichts ist das, was es scheint. Die Gesetze der Logik werden nicht etwa außer Kraft gesetzt, sondern auf die Spitze getrieben. Auch die Schlösser und Paläste, in denen sich Maria Pawlowna als Kind bewegte, waren Labyrinthe, in denen man sich verlaufen konnte. Man musste um den eigenen Platz kämpfen – mit Mut, List und Phantasie.

Die Hauptperson in Emmy von Rhodens Roman *Der Trotzkopf* weist gewisse Parallelen zu Maria Pawlowna auf: Die fünfzehnjährige Ilse Macket wächst ohne Mutter auf, diese ist kurz nach ihrer Geburt gestorben. Ilse hat eine Stiefmutter bekommen, die sie nicht akzeptiert. Erst im Internat lernt sie, sich anzupassen, und findet Spaß an den damals Mädchen gemäßen Fertigkeiten: Nähen, Stricken, Sticken, Zeichnen, Tanzen.

Anders als George Sand. Die französische Schriftstellerin, die unter einem männlichen Pseudonym publizierte, setzte sich bereits in der ersten Hälfte des neunzehnten Jahrhunderts vehement für die Gleichberechtigung von Mann und Frau ein. In ihren Werken verband sie Feminismus und Sozialkritik. Sie prangerte den Ausschluss der Frauen aus den meisten wichtigen Lebensbereichen an. Maria Pawlowna rebellierte zwar nicht öffentlich gegen ihre Diskriminierung als Frau, doch sie fügte sich nicht. Ihr Widerstand äußerte sich nicht verbal, sondern in ihrem Verhalten. Sie tat zeitlebens das, was sie selbst für richtig hielt.

Bis zu ihrem zwölften Lebensjahr war Maria von englischen Kinderfrauen erzogen worden. Sie propagierten Selbstdisziplin – auch körperliche: morgendliche Bäder, Sport, Bewegung an frischer Luft –, eine ganz spezielle Mischung aus Freiheit und Ordnung. Mit dem Umzug zu ihren Pflegeeltern kam Maria in ein streng religiöses Elternhaus, in dem die Traditionen hoch gehalten wurden. Und manchmal stand die aufgeklärte englische Erziehung im Widerspruch zu der Familienpflicht. Als Angehörige der Romanows musste sie sich stets vorbildlich verhalten, Zurückhaltung und Distanz wahren. Konkret bedeutete das, gegenüber niedriger Gestellten – und das waren alle Nicht-Romanows – nicht die geringste Schwäche zu zeigen. Maria Pawlowna gibt in ihrer Autobiografie einige Beispiele, in denen sie von ihrer Gouvernante angehalten wurde, sich bei Dienstboten für ungebührliches Benehmen zu entschuldigen. Das empfand sie als Demütigung, doch die Erzieherin bestand darauf. Selbstbeherrschung war eine Fähigkeit, die unbedingt ausgebildet werden musste.

Die Identifikation mit der Familie war das höchste Gebot. Das eigene Handeln sollte davon geprägt sein. Die Interessen der Familie hatten über den eigenen Interessen zu stehen. Das war man nicht nur den Angehörigen schuldig, sondern auch den Vorfahren. Gedenktage, Denkmäler, Familienanekdoten hielten die Verstorbenen und ihre Verdienste lebendig. Die Zugehörigkeit bedeutete nicht nur ein Privileg, sondern auch eine Bürde. Die Familienehre durfte nicht beschädigt werden. Maria Pawlownas Vater hatte durch die Verbindung mit Olga Pistohlkors gegen dieses Gebot verstoßen. Er hatte seinen eigenen Anspruch auf Glück über die Belange der Familie gestellt.

Maria befand sich in einem Gefühlschaos und erkannte schon in jungen Jahren, dass Anspruch und Realität sich häufig widersprachen: Da war der Vater, der gegen fundamentale Familiengesetze verstoßen hatte, als egoistisch beschimpft wurde und ihr und ihrem Bruder dennoch Wärme und Fürsorge vermittelte. Auf der anderen Seite stand der Onkel, der sich korrekt verhielt, die Familieninteressen über seine eigenen stellte und dennoch Ichbezogenheit und Strenge ausstrahlte. Maria verließ sich zunehmend auf ihr eigenes Gefühl und entwickelte – zwangsläufig – sehr früh eine beachtliche Menschenkenntnis. Diese kam ihr in ihrem wechselvollen Leben zugute – einem Leben, in dem Freunde und Berater meistens genau dann fehlten, wenn sie gebraucht wurden.

Kapitel 4
Der geteilte Vater

1902 teilte der Vater Maria und Dmitri in einem Brief aus Paris mit, dass er Olga Walerianowna Pistohlkors geheiratet habe. Obwohl sie von der Existenz dieser Frau wusste, kam die Eröffnung für Maria zu diesem Zeitpunkt doch überraschend. Nun gab es keinen Zweifel mehr: Das, was Maria schon eine Weile befürchtet hatte, war schmerzliche Realität geworden: Ihr Vater hatte sich für ein neues Leben entschieden, in dem sie und ihr Bruder nur noch eine Nebenrolle spielen würden. Am schlimmsten war für sie, dass er diesen Schritt nicht vorher angekündigt hatte, sondern lediglich nachträglich mitteilte.

Dies empfand Maria als ersten bewusst empfundenen Schmerz, als »erste Wunde«, die ihr geschlagen wurde, wie sie mehrfach betont. Nach der Mutter hatten sie nun auch den Vater verloren. Selbst wenn dieser versuchen sollte, die Verbindung zu ihr und Dmitri aufrechtzuerhalten, wäre ihm das durch Verbot und Verbannung weitgehend unmöglich gemacht worden. Paul Alexandrowitsch stand zu seiner neuen Frau und zu seiner neuen Familie.

Paul Alexandrowitsch hatte Olga Walerianowna Pistohlkors schon 1890 kennengelernt. Sie war mit einem Offizier verheiratet und hatte drei Kinder. Ihre Schönheit und ihr Charme ließen sie damals, in den letzten Jahren der Regentschaft Alexanders III., zum Mittelpunkt der aristokratischen Kreise Sankt Petersburgs werden. In ihren Memoiren berichtet Olga Pistohlkors, sie habe sich um 1893 in Paul Alexandrowitsch verliebt, der damals als Kommandant des Regiments, dem ihr Mann angehörte, in ihrem Haus ein und aus ging. Ihre eigene Ehe habe zu diesem Zeitpunkt nur noch auf dem Papier bestanden, die Gefühle für ihren Ehemann seien längst erloschen gewesen. Doch sie war nicht die Frau, die Affären oder flüchtige Liebesabenteuer suchte. Von Anfang an war es ihr mit Paul Alexandrowitsch ernst gewesen. Er war seit zwei Jahren Witwer, fühlte sich allein und war betrübt, dass er seinen Kindern nicht die Geborgenheit bieten konnte, die er ihnen gern gegeben hätte. Olga hatte für seine Situation Verständnis, mehr noch, sie stand zu ihm, sie liebte ihn.

1897 brachte Olga den gemeinsamen Sohn Wladimir zu Welt. Er erhielt jedoch den Namen Pistohlkors, da Olga noch nicht geschieden war. Nun konnte die Beziehung zu Paul Alexandrowitsch auch in der Öffentlichkeit nicht mehr als belanglose Affäre abgetan werden. Vor Maria und Dmitri hielt Paul Alexandrowitsch die Existenz Wladimirs so lange wie möglich geheim. Nach allem, was sie durchgemacht hatten, wollte er ihnen diesen Schmerz ersparen. Sogar als sie bei einem ihrer Besuche auf seinem Schreibtisch das Foto eines hübschen kleinen Jungen mit langen Locken entdeckten und ihn danach fragten, antwortete er nicht, sondern wechselte das Thema. Gleichzeitig wusste er, dass er die Existenz des Halbbruders nicht mehr lange vor ihnen verheimlichen konnte.

Doch er wollte die Reaktion des Zaren abwarten und hoffte inständig auf dessen Verständnis. Um eine neue Ehe zu schließen und eine neue Familie zu gründen, benötigte der verwitwete Paul Alexandrowitsch die Einwilligung des Zaren. Also bat er Nikolaus II., der nach dem plötzlichen Tod Alexanders III. 1894 den Zarenthron bestiegen hatte, um Erlaubnis, Olga Walerianowna Pistohlkors nach deren Scheidung zu heiraten. Nikolaus war sein Neffe, er würde ihm sicher keinen Stein in den Weg legen. Doch weit gefehlt: Nikolaus stand seinem Vater an Strenge und Rigorosität in nichts nach und verweigerte seinem Onkel die Genehmigung. Mehr noch, er empörte sich über das verantwortungslose und egoistische Verhalten Paul Alexandrowitschs. Gerade weil er ihm, dem Zar, so nahestand, hätte er sich zurückhalten müssen. Um die Romanow'sche Familienehre zu retten, musste die Strafe besonders hart sein.

Paul Alexandrowitsch wusste, dass er in Russland keinen orthodoxen Priester finden würde, der ihn unter diesen Umständen traute, und machte sich im Ausland auf die Suche und hatte in Italien Erfolg. Im September 1902 vermählten sich Paul Alexandrowitsch und Olga Walerianowna Pistohlkors in Livorno. Der Zar zog die Konsequenz: Er verbannte Paul Alexandrowitsch, entzog ihm seinen militärischen Rang sowie die jährliche Apanage, die ihm als Großfürst zustand. Der Skandal war perfekt: Nach der Verbindung Zar Alexanders II. mit Katharina Dolgorukij ging nun auch dessen jüngster Sohn eine morganatische Ehe ein.

Paul Alexandrowitsch hatte zwar auf Gnade seitens des Zaren gehofft, vorsorglich jedoch bereits eine Villa in Boulogne-sur-Seine bei Paris erworben. Dort ließ er sich mit seiner neuen Ehefrau und Wladimir nieder; einige Jahre später kamen die beiden Töchter Irina und Natalja zur Welt. Prinzregent Luitpold von Bayern gewährte Olga Walerianowna und ihren Kindern 1904 den gräflichen Titel von Hohenfelsen. Olga war sehr gebildet, belesen, vielseitig interessiert, charmant, und so wurde die Villa im eleganten Vorort von Paris schon bald zum beliebten Treffpunkt für Schriftsteller, Maler, Musiker und Künstler. In dieser Atmosphäre wuchs Wladimir auf und entwickelte bereits früh ein beachtliches literarisches Talent.

Am 24. Oktober 1902 schrieb Maria Pawlowna einen berührenden Brief an ihren Vater, in dem sie sich für seinen »wunderbaren« Brief bedankte – er hatte seinen Kindern gestanden, wie einsam er sich als Witwer gefühlt habe und wie tief seine Zuneigung zu Olga sei. Obwohl sie nie an seiner Liebe zweifle, sei die Trennung von ihm sehr schwer für sie. Sie liebe ihn sogar immer mehr, was ihren Schmerz und ihre Sehnsucht noch steigere. Sie bat ihn inständig: »Erlaube uns, Dich zu besuchen, auch wenn es nur für wenige Tage ist. Oh, lieber Vater, tu das für uns, Deine Dich liebenden Kinder.« Sie versicherte ihm, er müsse sich keine Sorgen machen, dass sie ihren Unterricht versäumten, sie würden fleißig sein und alles nachholen. Dann stellte sie ihm einige Fragen: Sollte sie seine neue Frau »Mutter« nennen? Sie schrieb, sie sei zwar bereit, Olga als seine Frau zu lieben, aber es wäre ihr zu diesem Zeitpunkt unmöglich, sie wie eine Mutter zu lieben. Noch einmal betonte sie: »Die allerschwierigste Sache ist im Augenblick unsere Trennung von Dir. Du weißt, wir würden Deine Frau gern kennenlernen und von ganzem Herzen lieben.«

Für Maria war es damals ungeheuer schwierig, diesen Brief zu verfassen. Nicht die Worte, die direkt an ihren Vater gerichtet waren, bereiteten ihr Probleme. Gern offenbarte sie sich ihm und gestand ihm ihre Liebe, doch die Passage,

die ihre Stiefmutter betraf, bereitete ihr Kummer. Sie musste sich dabei verstellen, denn damals lehnte sie die Frau zutiefst ab, die ihr und ihrem Bruder den Vater weggenom-
men hatte. »Ich weiß noch, dass ich diese Worte in anderer
Handschrift zögernd hinzufügte, was mein Vater sicher bemerkte«, erinnert sie sich in ihren Memoiren. Sie wollte Olga gar nicht kennenlernen, am liebsten wäre es ihr gewesen,
wenn die neue Frau aus dem Leben ihres Vaters verschwunden wäre. Gleichzeitig litt sie unter Schuldgefühlen, da sie
wusste, wie gut ihrem Vater die neue Ehe tat. Später sollte
Olga Walerianowna zu ihrer wichtigsten Vertrauten werden.

Damals empfanden Maria und Dmitri die Trennung vom
Vater als einen gewaltsamen Akt. »Unsere Augen waren vom
Weinen geschwollen, beim Sprechen bebten unsere Lippen,
und gleich beim ersten Wort, das wir sagten, fingen wir wieder an zu weinen. Diese langen, schweren Tage, die nun ka-
men, haben ihre Spur für immer in mein Herz gegraben.«
Paul Alexandrowitsch durfte nur in Ausnahmefällen und
zu besonderen familiären Anlässen in Russland einreisen.
Das war selten genug. Anfang 1903 wurde Paul Alexandro-
witschs und Olga Walerianownas zweites gemeinsames Kind,
Irina, geboren. Maria und Dmitri waren bereits im Vorjahr
endgültig in die Obhut ihres Onkels Sergej und ihrer Tante
Elisabeth nach Moskau gegeben worden, welche die zweite
Ehe Paul Alexandrowitschs nicht akzeptierten. Vor allem
Olga Walerianowna als geschiedener Frau galt ihre Ableh-
nung, und so versuchten sie, die beiden ihnen anvertrauten
Kinder von ihrer Stiefmutter fernzuhalten. Das Gefühl einer
doppelten Verlassenheit, das dabei für Maria und Dmitri

entstand, konnte niemand ausgleichen. In der Folge schlossen sich die beiden immer enger zusammen und wurden unzertrennlich. Es wurde kolportiert, dass sie Hand in Hand durch die Säle des Kreml und orientierungslos zwischen den Palästen, Klöstern, Kapellen, Bastionen und Arsenalen hin und her irrten.

Kapitel 5
Erziehung einer Großfürstin

Ihre Kindheit und Jugend nimmt in Maria Pawlownas Autobiografie viel Raum ein. *Education of a Princess* und *A Princess in Exile* von Marie Grand Duchess of Russia, erschienen Anfang der 1930er Jahre in New York.

Es scheint, als habe sie im Schreiben endlich ein Ventil für das gefunden, was sie damals sprachlos erleiden musste, weil niemand da gewesen war, der sich für ihre Belange und für ihr Gefühlsleben interessierte. Sie war vierzig Jahre alt, als sie *Education of a Princess* verfasste, und hatte den Zusammenbruch des Zarenreichs erlebt, dessen glühende Verfechter ihre Stiefeltern und Lehrer waren. Wenn sie nicht früh Durchsetzungsvermögen und Handlungsfähigkeit entwickelt hätte, wäre es vermutlich auch für sie zu einem katastrophalen Ende gekommen.

Maria Pawlowna unterzog ihre Erziehung einer sachlichen Beurteilung. Vor allem bemängelte sie den oberflächlichen Unterricht und die fragwürdige Wahl der Schwerpunkte. Religiöse und moralische Unterweisungen hatten dominiert, die Wissensvermittlung sei viel zu kurz gekommen. Patriotismus, Pflichtbewusstsein und Gehorsam hatten absoluten Vorrang. »Absichtlich ließ man mich die Wichtigkeit der Zeit, in die ich hineingeboren wurde, nicht klar erkennen«, heißt es in der Einleitung. »Die Unzulänglichkeit einer derartigen Erziehung und ihre Folgen für mich und andere Menschen, die über viel größere Macht verfügten, wird im Verlauf meiner Geschichte immer wieder zutage treten.«

An ihren Lehrern ließ sie kein gutes Haar und zog deren pädagogische Fähigkeiten in Zweifel. Oft habe sie sich nicht ernst genommen gefühlt. Trotz aller Reformen stand man der Ausbildung der Mädchen im Haus Romanow skeptisch gegenüber. Noch immer war die gesamte Erziehung auf die Ehe mit einem standesgemäßen Partner ausgerichtet. Eine Ehefrau sollte über das Maß an Allgemeinbildung und Kultiviertheit verfügen, welches sie ihre Rolle perfekt ausfüllen ließ. Viel mehr war nicht nötig, galt sogar eher als störend. Natürlich wurde es gern gesehen, wenn ein Mädchen musizierte, zeichnete und handarbeitete. Damit würde sie ihren Mann und ihre Familie einmal erfreuen können. Maria erhielt also Klavier-, Mandolinen- und Gesangsunterricht. Sie lernte Sticken, Zeichnen und Malen. Doch für sie war es nicht nur Zeitvertreib, sie empfand es als Möglichkeit, kreativ tätig zu sein. Sie nahm es ernst. Das sollte ihr später von Nutzen sein. Genau wie die erlernten Fremdsprachen. Dass sie neben Russisch fließend Englisch, Französisch und Deutsch sprach, war ihr im Exil eine große Hilfe. Sie war sehr sprachbegabt und nutzte dieses Talent: Auch Schwedisch lernte sie innerhalb eines Jahres so gut, dass sie sich unterhalten konnte.

Vehemente Kritik äußerte Maria Pawlowna an ihrer religiösen Erziehung. Sie schien ihr leer und belanglos. Jeden Sonntag wurde der Gottesdienst besucht. Darüber hinaus gab es regelmäßige Gedenkgottesdienste für die Vorfahren. Offizielle Feierlichkeiten waren zwangsläufig mit religiösen Zeremonien verbunden. Die beiden Zaren, die Maria Pawlowna in ihrer Jugend kurz hintereinander erlebte, Alexander III. und Nikolaus II., bildeten einen Gegenpart zu ihrem

Vorgänger Alexander II. und betrachteten ihr Amt als gott-
gegeben. Die Religion wurde von ihnen instrumentalisiert,
um die Autokratie zu stärken. Im Rückblick analysiert Maria Pawlowna diese Vorgehensweise schonungslos. Als Ju-
gendliche litt sie vor allem unter den religiösen Repräsentan-
ten, deren Kompetenz sie in Frage stellte – genau wie die der
Lehrer. In ihrer Autobiografie beschreibt sie einen besonders
unsympathischen Priester, dessen Funktion es vor allem war,
ihr Verhalten zu kontrollieren. Es ging nicht um die Vermittlung der christlichen Lehre, sondern um Einübung von Ritualen. Das empfand sie als Missbrauch der Religion und
misstraute seither den kirchlichen Würdenträgern.

Viel schlimmer als die verfehlte Ausbildung und den mangelnden religiösen Beistand empfand Maria Pawlowna die
Isolation, in die sie und ihr Bruder gedrängt wurden. Daran
gab sie vor allem ihren Pflegeeltern die Schuld. Lange Zeit
unterhielten Maria und Dmitri so gut wie keinen Kontakt
zur Außenwelt. Wie sollten sie da etwas über das Leben lernen? Als Maria Pawlowna rückblickend darüber schrieb,
hatte sie die Auswirkungen schon zu spüren bekommen.
Die daraus resultierenden Defizite hatten ihr in der Emigration zu schaffen gemacht. Sie empfand es als fatal, immer
nur mit ihren Cousins und Cousinen zusammen gewesen
zu sein, die genauso abgeschirmt wurden und ebensowenig
von der Welt wussten. Mit anderen gesellschaftlichen Schichten kam Maria Pawlowna erst spät in Kontakt.

Im Februar 1905 geriet das triste und ereignislose Leben
durch ein furchtbares Ereignis aus den Fugen. Sergej Alexandrowitsch fiel einem Bombenanschlag zum Opfer. Der
Attentäter Kaljajew war Mitglied einer revolutionären Be-

wegung, stammte also aus einer der Bevölkerungsgruppen, gegen die Sergej besonders hart und unerbittlich vorgegangen war. Als Elisabeth am Tatort, dem Nikolaus-Tor im Kreml, eintraf, war ihr Mann bereits tot. Maria Pawlowna berichtet, sie werde niemals den Ausdruck in den Augen ihrer Tante vergessen: Tränenlos, aber mit einem unbeschreiblichen Entsetzen habe sie auf den Anblick ihres getöteten Mannes reagiert. Zum ersten Mal habe sie ehrliche Emotionen gezeigt. Sie zog sich einige Tage zum Beten in die Kirche zurück und mied jeglichen Kontakt mit anderen Menschen. Nach einer Woche verließ sie das Gotteshaus und suchte den Attentäter im Gefängnis auf. Sie überreichte ihm eine Ikone und bemühte sich, ihn davon zu überzeugen, dass er mit dem Mord ein schweres Unrecht begangen hatte. Ihr Mann habe stets aus Liebe zum Volk gehandelt, erklärte sie ihm. Doch der Gefangene zeigte keine Reue und blieb bei seiner Auffassung: Sergej sei ein Tyrann gewesen, der das Volk unterdrückt habe. Trotzdem setzte sich Elisabeth beim Zar für seine Begnadigung ein, doch Kaljajew lehnte ab. Er wollte für seine Tat einstehen und bevorzugte die Märtyrerrolle, von der er sich eine größere Wirkung für die Revolution versprach.

Nach dem Tod ihres Mannes fühlte sich Elisabeth allein für Marias und Dmitris Erziehung verantwortlich. Sogar in dieser Ausnahmesituation wurde Paul Alexandrowitsch der Wunsch abgeschlagen, seine Kinder zu sich zu nehmen. Sie blieben bei der Tante in Moskau. Die Rolle des Vormunds übernahm nun der Zar. Elisabeth schrieb an Nikolaus II.: »Möge Gott uns führen und helfen, Marie und Dmitri so gut zu erziehen, wie Sergej es begonnen hat. Ich werde mein

Bestes tun. Mit dem Wissen um seine Vorstellungen und Prinzipien werde ich nun versuchen müssen, das zu befolgen, was immer vor meinen Augen war, und diese zarten kleinen Herzen als wahre Christen und wahre Russen zu erwärmen, indem ich alles auf Glaube und Pflicht begründe.« Letzteres setzte sie konsequent in ihrem eigenen Leben um: Für Elisabeth war der Mord an ihrem Mann ein so einschneidendes Erlebnis, dass sie einen radikalen Weg einschlug. Sie entschloss sich zum Rückzug von der Welt, in der sie bisher gelebt hatte.

1905 kam in der neuen Familie Paul Alexandrowitschs eine weitere Tochter zu Welt: Natalja. Maria Pawlowna blickte nicht ohne Neid auf ihre Halbgeschwister, die all das hatten, was sie so schmerzlich vermisste. Der große Bruder Wladimir liebte seine beiden Schwestern sehr. Er dachte sich Theaterstücke für sie aus, baute aus Alltagsgegenständen eine Bühne und inszenierte kleine Aufführungen. Sie beteten ihn an, doch von Gleichaltrigen wurde er bald mit Misstrauen bedacht und zum Außenseiter. Seine Freude am Lernen und die Leichtigkeit, mit der er es tat, wurden ihm als Arroganz ausgelegt. Doch diese Phase seiner Kindheit fand schnell ein Ende, als sein Vater auf der obligatorischen Militärlaufbahn bestand und ihn 1908 nach Sankt Petersburg schickte. Zuerst litt er sehr darunter, denn er hatte überhaupt keine Ambitionen, Soldat zu werden. Außerdem waren seine Russischkenntnisse nur sehr gering. Das änderte sich zwar in kürzester Zeit, doch in seinen Briefen nach Hause beklagte er sich heftig über das Leben in den Baracken und den rauen Umgangston. Er sehnte die Ferien herbei, in denen er zu seiner Familie nach Frankreich reisen konnte.

Zum Glück hatte Wladimir etwas gefunden, was ihn die ungeliebte militärische Ausbildung mit all ihren Begleiterscheinungen ertragen ließ: Er malte, musizierte, schrieb und verfeinerte seine künstlerischen Begabungen im Selbststudium. Seine Mutter berichtet, er habe schon mit dreizehn wunderbare Verse verfasst. Sie war beeindruckt von der Mischung aus Traumbildern, Phantasie und genauer Beobachtung, die ihn auszeichnete – genau wie seine Liebe zur Natur: Mit der Zeile »Je veux me perdre dans les branches« (»Ich werde mich in den Zweigen verlieren«) beginnt eines seiner Gedichte, andere tragen die Titel »Credo«, »Agonie« und »Indifferenz«. Die ersten Gedichte schrieb er auf Französisch, der Sprache, die ihm damals die vertrauteste war. Erst später kamen russische und englische Verse hinzu.

Während der Ausbildungsjahre in Russland lernte Wladimir seinen fünf Jahre älteren Halbbruder Dmitri besser kennen und pflegte einen intensiven Kontakt mit ihm. Dmitri war seit 1905 – im Alter von vierzehn Jahren – bereits Chef des 11. Grenadierregiments und sollte zum Chef des 4. Füsilierregiments der Kaiserlichen Familie ernannt werden. Der Zar behandelte ihn wie einen Sohn und betrachtete es als seine Pflicht, Dmitri zu fördern.

Maria hingegen musste Russland bald verlassen. Elisabeth fühlte sich für die Zukunft der ihr anvertrauten Kinder verantwortlich. Folgerichtig begann sie schon früh damit, einen Bräutigam für ihre Pflegetochter zu suchen. In Maria Pawlownas Alltag mischten sich nun Vorbereitungen für die Ehe. Um Liebe ging es dabei nicht, sondern einzig um die Interessen der Familie. Maria Pawlowna war darüber zwar nicht glücklich, doch zu diesem Zeitpunkt stellte sie das nicht in Frage. Sie war eine russische Großfürstin und Repräsentantin des Herrschaftssystems. Sie kannte ihre Pflichten und ihre Privilegien genau. Dazu kam, dass sie sich im Haus ihrer Tante nicht wohlfühlte. Vielleicht hatte sie insgeheim die Hoffnung, sich mit der Eheschließung aus den Zwängen zu befreien, unter denen sie zunehmend litt.

Großfürstin Maria Pawlowna war eine ideale Heiratskandidatin: reich, einer der mächtigsten Herrscherdynastien angehörend, attraktiv, gebildet, klug und charmant. Ein Kapitel ihres Buches *Education of a Princess* hat die höfische Etikette zum Thema, in der sie unterrichtet wurde. Es trägt den Titel »Disziplin«, und Maria beschreibt anschaulich, was am Zarenhof unter »gutem Benehmen« verstanden wurde. Neben der Contenance, der Selbstbeherrschung und exzellenten Manieren gehörte eine gepflegte Konversation dazu. Diese wurde beim Abendessen, zu dem meistens Gäste eingeladen waren, eingeübt. Maria wurde von ihrer Tante und ihrer Gouvernante genau beobachtet und anschließend kritisiert. Die beiden Supervisorinnen richteten das Augenmerk auf Marias Haltung bei Tisch – das Aufrechtsitzen – und darauf, dass sie sich mit den Gästen angeregt unterhielt. Gepflegte Konversation gehörte zu den Pflichten einer jungen Frau, die häufig eingeladen und selbst einmal in die Gastgeberinnenrolle schlüpfen würde. Dabei war nicht nur die Einhaltung gewisser Konventionen erforderlich, sondern vor allem die Wahl der Gesprächsthemen, die von den jeweiligen Tischnachbarn abhängig waren. Phantasie und Sensibilität waren hier gefragt. In ihrer Tante hatte Maria die beste Lehrerin. Früher wurde diese von ihrem Mann dabei noch unterstützt. Sergej Alexandrowitsch beobachtete den Verlauf der Konversation genau und sparte nicht mit Tadel, wenn er unzufrieden war. Am strengsten fiel die Strafe aus, wenn Maria kein passendes Gesprächsthema fand. So etwas durfte einer Großfürstin nicht passieren. Maria mangelte es keinesfalls an Einfällen, doch oftmals verspürte sie kein Interesse an den Menschen, mit denen sie am Tisch saß. Die kontrollierte Konversation begann sie schon früh zu langweilen. Sie fand es ermüdend, immerzu genau zu überlegen, was und wie sie etwas sagen sollte. Für Spontaneität und Kreativität war wenig Platz. Alles musste vorausgeplant und abgewogen werden. Nicht nur in den Tischgesprächen, sondern überhaupt im Tagesablauf. Jeder Tag war genau strukturiert, Pünktlichkeit galt als oberstes Prinzip – sogar in den Ferien.

Neben der Konversation lehrte die Tante Maria eine kaiserliche Haltung, wie sie sich zu bewegen und zu kleiden hatte. Bevor Elisabeth allem Weltlichen entsagte, hatte sie selbst großen Wert auf gutes Aussehen und Luxus gelegt. Sie verfügte über ein sicheres Stilempfinden, was ihre Frisur, ihre Kleidung und ihren Schmuck betraf. Maria war davon beeindruckt, dass die Tante ihre Garderobe selbst entwarf. Inspiriert wurde sie von französischen Modezeitschriften, doch ließ sie die Modelle, die ihr gefielen, nicht einfach nachschneidern, sondern wandelte sie nach eigenem Geschmack ab. Sie fertigte Zeichnungen an, die den Schneiderinnen und Näherinnen als Vorlagen dienten. Ihr Mann schenkte ihr den farblich passenden Schmuck – damit war sie sich der Bewunderung der höfischen Gesellschaft sicher. Sie galt damals als Stilikone. Allein das Ankleiden war für sie ein Ritual, das mehrere Dienerinnen beschäftigte, einige

Stunden dauerte und mit einem Bad in Rosenblütenwasser begann. Maria schwankte zwischen Anerkennung und Unverständnis. Ebenso sehr wie sie das schöpferische Talent ihrer Tante schätzte, lehnte sie die Zwanghaftigkeit ab, mit der alles geschah. Alles war genauestens vorausgeplant. Spaß schien nicht vorgesehen zu sein. Schönheit wurde auf diese Weise zu einer Fessel.

Maria Pawlowna erwähnt in ihren Memoiren zwei Begebenheiten, die sie nie vergessen hat: Als sich ihre Tante einmal zum Ausgehen hergerichtet hatte, konnte Maria ihre Begeisterung für das neue Kleid und die neue Frisur nicht unterdrücken: »Oh! Tante, du siehst aus wie der kleine Page im Märchen«, rief sie voller Freude. Es war das größte Kompliment, das sie damals ihrer Tante machen konnte. Doch diese war darüber keineswegs erfreut, sondern wandte sich mit strenger Miene an Marias Kinderfrau und ordnete an: »Sie müssen darauf achten, dass sie über Erwachsene keinerlei Bemerkungen macht.«

Ein anderes Mal sah Maria ihre Tante in einem majestätischen Brokatkleid mit langer Schleppe und dazu passendem funkelnden Schmuck. Angesichts dieser »leuchtenden Schönheit« fehlten dem kleinen Mädchen die Worte. »Stumm vor staunender Bewunderung erhob ich mich auf die Zehenspitzen und küsste sie voller Hingabe auf ihren weißen Hals, gerade unterhalb eines herrlichen Halsbandes aus Saphiren. Sie sagte nichts, aber ihr kalter Blick ließ mich bis ins Herz erstarren.«

Auch den obligatorischen Tanzunterricht empfand Maria als Disziplinierungsmaßnahme. Das, was ihr am ehesten entsprach – ausgelassenes Herumtoben und Erfinden neuer

Bewegungs- und Ausdrucksformen – fand sie im Sport. Dieser nahm dank der damals in Russland populären englischen Erziehung eine zentrale Rolle ein – nicht nur für die Jungen, sondern auch für die Mädchen. Gymnastik und Reiten standen an erster Stelle. Maria lernte Skifahren, Tennisspielen, doch ihre Lieblingssportart wurde und blieb das Reiten.

Es war für Elisabeth nicht schwierig, einen Bräutigam für ihre Nichte zu finden. Das schwedische Königshaus hatte längst ein Auge auf Maria Pawlowna geworfen. Im Vordergrund stand die Absicht, mit dem russischen Zarenhaus eine enge Verbindung einzugehen. Bis Mitte des 19. Jahrhunderts herrschte zwischen den beiden Ländern eine angespannte Beziehung. Konfliktherd waren die Åland-Inseln, die 1809 im Rahmen des Friedens von Fredrikshamm dem russischen Zarenreich zugesprochen worden waren. Russland errichtete auf den Inseln eine Befestigungsanlage, die während des Krimkriegs 1854 von französischen Truppen zerstört wurde. Nach Kriegsende wurden die Åland-Inseln entmilitarisiert. Sie blieben laut Pariser Friedensvertrag von 1856 zwar in russischem Besitz, durften aber nicht wieder befestigt werden. Außerdem war das russisch-schwedische Verhältnis durch das sogenannte »Novembertraktat« belastet, in dem Frankreich und England sich verpflichteten, das Doppelreich Schweden–Norwegen gegen einen möglichen russischen Angriff zu schützen. Schweden beabsichtigte augenscheinlich, an alte Zeiten anknüpfen: Der aus Frankreich stammende Begründer der Dynastie, Jean-Baptiste Bernadotte, der ab 1818 als König Karl IV. Johann den schwedischen Thron innehatte, stand noch in engen außenpolitischen Beziehungen zu Russland. Doch seine Nachfolger schlossen sich mit den Westmächten zusammen. Das wollte König Gustaf von Schweden (bis 1907 war er noch Kronprinz) nun wieder ändern. Er versprach sich von einer Annäherung an Russland größere Unabhängigkeit für sein Land.

Kapitel 6

Eine französisch-schwedische Karriere –
die Gründung des Hauses Bernadotte

Jean Baptiste Bernadotte wurde am 26. Januar 1763 in Pau geboren. Er trat im Herbst 1780 ins königliche Heer ein: als einfacher Soldat beim Regiment Royal-la-Marine. Bereits als Einunddreißigjähriger erreichte er den höchsten Rang in der republikanischen Armee: Divisionsgenral. Es war ihm sehr wohl bewusst, dass erst die Revolution mit ihren Forderungen nach Freiheit und Gleichheit einen solchen Aufstieg möglich gemacht hatte, vorher waren die hohen militärischen Ränge dem Adel vorbehalten gewesen. Im März 1797 traf Jean Baptiste Bernadotte im Hauptquartier von Mantua zum ersten Mal auf Napoleon. Diese erste Begegnung prägte sich ihm nachhaltig ein: Die Einsamkeit, die Überlegenheit, die Distanz zu anderen Menschen – niemals hätte er ihn sich als Kameraden vorstellen können – ließen ihm Napoleon als geborenen Herrscher erscheinen. Umgekehrt hatte auch er großen Eindruck auf den Korsen gemacht. Napoleon waren die Wortgewandtheit, Eloquenz und Eleganz Bernadottes aufgefallen, vor allem aber, wie furchtlos er ihm begegnet war. Damit wurde er für ihn zu einer potentiellen Gefahr. Und darin war das gegenseitige Konkurrenzverhältnis der beiden Monomanen begründet, das sie ihr Leben lang begleiten sollte.

Als der schwedische Reichstag einen Nachfolger für den kinderlosen König Karl XIII. suchte, entschied er sich erstaunlicherweise für den französischen Marschall Jean Baptiste Bernadotte. Schweden befand sich zu Beginn des 19. Jahrhunderts in einer Notlage: Es benötigte einen Herrscher, der ihm wieder eine angesehene Stellung in der Welt verschaffte. Die politische Situation war schon seit Ende des 18. Jahrhunderts instabil und chaotisch, Staatsstreiche und Gewalttaten gehörten zum Alltag. Gegen die absolutistische Politik Gustafs III. hatte sich eine starke Opposition aus dem Adel und der gebildeten bürgerlichen Mittelklasse formiert. 1792 fiel Gustaf III. einem Attentat zum Opfer. Auf dem Reichstag in Norrköping 1800 wurden Forderungen nach einer konstitutionellen Staatsform mit einer freien Verfassung laut und verstärkten sich, als sich sein Nachfolger, Gustaf IV. Adolf, gegen die Französische Revolution aussprach. Diese wurde von großen Teilen der schwedischen Bevölkerung positiv bewertet. Gustafs antifranzösische Politik hatte keine Basis, und als sie schließlich zum Verlust Finnlands an Russland führte, wurde er im März 1809 durch einen Staatsstreich gestürzt. Zu seinem Nachfolger wählte man Karl XIII. und ernannte den dänischen Prinzen Christian August von Augustenborg unter dem Namen Karl August zum Thronfolger. Ein Jahr später verstarb dieser plötzlich bei einer Truppenparade. Es kursierten Gerüchte, dass er vergiftet wurde. Die Lage war explosiv, in Stockholm gab es Straßenkrawalle, die im Sommer 1810 mit dem Lynchmord an Reichsmarschall Axel von Fersen ihren erschreckenden Höhepunkt erlangten.

Das schwedische Volk sehnte einen Herrscher herbei, der innenpolitisch für Frieden und außenpolitisch für Anerkennung sorgen würde, vor allem die Jugend fixierte sich auf das Vorbild Frankreich. Innerhalb kürzester Zeit avancierte der französische Marschall Bernadotte zum Spitzenkandidat, den nahezu alle gesellschaftlichen Schichten unterstützten. Er wurde dem schwedischen Reichstag von Karl XIII. als Thronerbe vorgeschlagen und am 21. August 1810 von den Vertretern aller Stände gewählt. Jean Baptiste Bernadotte nahm die Wahl an und nannte sich fortan Karl Johan. Aus seiner Frau Désirée – Bernadotte hatte 1798 die ehemalige Verlobte Napoleons geheiratet – wurde Desideria. Ende September 1810 wurden Bernadotte alias Karl Johan in Frankreich die Urkunden über seine Entlassung aus all seinen Ämtern und Würden ausgehändigt. Bei diesem Zusammentreffen mit Napoleon kam es noch einmal zu einer Konfrontation. Nachdem er die Urkunden gelesen hatte, protestierte Karl Johan gegen eine Klausel, die ihn verpflichtete, niemals die Waffen gegen Frankreich zu erheben. »Meine Wahl zum Kronprinzen von Schweden macht es mir unmöglich, irgendeine Verpflichtung einzugehen, die mich als Vasallen eines ausländischen Fürsten erscheinen ließ.« Sein absolutes Unabhängigkeitsstreben, das er nicht zur Disposition stellen wollte, war so stark, dass es sogar Napoleon veranlasste, die Klausel mit den Worten zu streichen: »Gehen Sie, und mag unser Schicksal sich erfüllen.« Die beiden Männer sahen sich nie wieder.

Am 18. Februar 1818 war König Karl XIII. gestorben, am 11. Mai wurde Karl Johan im Stockholmer Dom zum schwedischen König gekrönt. Die Krönung zum König von Norwegen fand im September im Nidarosdom in Trondheim statt. Karl Johans Regentschaft sollte 26 Jahre dauern. Innenpolitisch entwickelte er sich mehr und mehr zum Autokraten und vertrat zunehmend konservative Positionen. Von

Anfang an konnte er sich nur schwer mit den konstitutionellen Einschränkungen seines Amtes abfinden. Bereits als Kronprinz gab es häufig Kontroversen mit dem Staatsrat. Nach seiner Krönung traf er die Wahl der Staatsräte vorsorglich nach dem Kriterium der Loyalität. Aus dem Revolutionsgeneral war ein absolutistischer Herrscher geworden. Karl Johans Furcht, von seinen Gegnern gestürzt zu werden, steigerte sich mit den Jahren ins Irrationale, so dass er schließlich jede Form von Opposition bekämpfte. Schon als Kronprinz hatte er die »Druckfreiheitsverordnung« verschärft, die Zensur eingeführt, eine Geheimpolizei installiert und Hochverratsprozesse angestrengt. Parallel dazu wurden die Forderungen nach einer liberalen Reformpolitik immer lauter, so dass er während seiner letzten Regierungsjahre zu Zugeständnissen gezwungen war.

Vielleicht wurde sein manchmal an Paranoia grenzendes Misstrauen auch gespeist von der Unfähigkeit, mit seinem Volk zu kommunizieren. Entgegen seiner Ankündigung bei der Wahl zum schwedischen Kronprinz erlernte er nie die schwedische Sprache. Das Volk schätzte ihn trotzdem, denn es spürte, wie sehr er sich für das Wohl seines Landes einsetzte. Schweden erlebte während seiner Regierungszeit einen wirtschaftlichen Aufschwung. Karl Johan schuf neue Verkehrswege, darunter befestigte Straßen über das Grenzgebirge zwischen Schweden und Norwegen, und den Götakanal, der 1832 eingeweiht wurde. Er schaffte die Zölle zwischen Norwegen und Schweden ab. Darüber hinaus reformierte er das Gesundheits- und das Schulsystem, baute neue Krankenhäuser und Gymnasien. Dass die Kinder eine solide Ausbildung erhielten, lag ihm am Herzen.

1843 fielen zwei spektakuläre Ereignisse zusammen: Karl Johans 80. Geburtstag und sein 25-jähriges Thronjubiläum. Der Geburtstag wurde den ganzen Frühling über gefeiert. Den Abschluss bildete eine große Parade am 11. Mai, dem Krönungstag. Dort trat er zum letzten Mal öffentlich auf und erlebte den Kontakt mit seinem Volk als Triumph. Er fühlte sich als Landesvater geliebt und geachtet, die Dispute mit der Opposition, die er in den letzten Jahren geführt hatte, wurden für kurze Zeit in den Hintergrund gedrängt. Im Herbst desselben Jahres begann er, sich unwohl zu fühlen. An seinem 81. Geburtstag erlitt er einen Schlaganfall, von dem er sich nicht wieder erholte. Bereits Anfang Februar 1843 hatte er sein Testament diktiert, in dem er das Fazit seiner außerordentlichen Karriere zog und noch einmal die alte Rivalität mit Napoleon ansprach: »Er konnte es nicht ertragen, dass ein Sterblicher ebenso groß war wie er.« Dem Tod trat er genauso würdig, mutig und realistisch entgegen wie dem Leben: »Ich sehne den Tod nicht herbei, fürchte ihn aber auch nicht; ich bin über achtzig Jahre alt; die Natur fordert ihr Recht.« Am 8. März 1844 starb der Begründer der Dynastie Bernadotte, die bis heute den schwedischen Königsthron innehat. Er wurde in der Königsgruft der Riddarholmskirche beigesetzt.

Kapitel 7
Geliebter Willy

Die einzige Großfürstin im heiratsfähigen Alter, die als Braut für den achtzehnjährigen Prinz Wilhelm von Schweden, Sohn von König Gustaf V. und Königin Victoria, in Frage kam, war Maria Pawlowna. Als Heiratsvermittlerinnen fungierten drei Frauen: die schwedische Königin Victoria, Wilhelms Mutter, die aus dem Großherzogtum Baden stammte, und ihre Jugendfreundinnen aus dem Großherzogtum Hessen-Darmstadt, Irene und Elisabeth. Victoria wandte sich zunächst an Irene, die mit Prinz Heinrich von Preußen verheiratet war, und diese bat Elisabeth um Fotos von Maria Pawlowna. Kurz nach der ersten Kontaktaufnahme reiste Prinz Wilhelm nach Russland zu Elisabeth und bat diese, Maria seinen Heiratsantrag zu überbringen. Maria fühlte sich überrumpelt. Sie brauchte Zeit, doch Elisabeth drängte zur Entscheidung. Maria sah nicht ein, warum auf einmal alles so schnell gehen sollte. Bei ihrer dritten Begegnung richtete Wilhelm sein Begehren direkt an sie. In ihren *Erinnerungen* schildert Maria Pawlowna ihre damalige Gemütslage als realistisches Abwägen. Es sprach nichts gegen den Bräutigam, er war ihr sympathisch – aber auch nicht mehr. Von romantischen Gefühlen ist keine Rede. Sie hoffte, als Ehefrau ihr Leben freier gestalten zu können als bisher. Genau wie den drei Heiratsvermittlerinnen war auch für sie die Ehe Mittel zum Zweck. Doch dass alles viel zu schnell ging, beklagte sie immer wieder.

Am 2. Juni 1907 fand die Verlobung in Peterhof statt, an-

schließend verbrachte das junge Paar drei Wochen in Iljinskoje auf dem Gut, das Maria aus Kindertagen vertraut war.
In zehn Monaten sollte die Hochzeit sein. Alles war fest
vereinbart – es gab kein Zurück. Zwar hatte Paul Alexandrowitsch versucht, die in seinen Augen zu frühe Eheschließung seiner Tochter zu verhindern, aber ohne Erfolg, wie
die bitteren Worte an seinen Neffen, Zar Nikolaus II., zeigen: »Stehen Kinder erst einmal unter Vormundschaft, darf
der Vater weder den Bräutigam begutachten noch sich für
oder gegen ihn aussprechen oder gar seine Meinung darüber
äußern, dass es zu früh ist, ein Mädchen von siebzehn Jahren zu verheiraten.«

Maria und Dmitri sahen ihrer kommenden Trennung
mit Angst und Wehmut entgegen. Sie zelebrierten in Moskau einen traurigen Abschied, zogen sich in die Kapelle des
Kreml zurück und versteckten sich vor einer Welt, von der
sie nicht wussten, ob sie es gut mit ihnen meinte. Man suchte
sie überall, doch sie blieben so lange verborgen, wie sie für
ihr vorerst letztes Zusammensein brauchten. Sie wollten das
unaufhaltsame Ende ihrer gemeinsamen Jugend miteinander erleben. Niemand sollte sie in dieser geschwisterlichen
Zweisamkeit stören.

Es gab noch einen weiteren Grund, warum Marias Tante
die Vermählung ihres Schützlings derart beschleunigte. Sie
wollte sich aus dem höfischen Leben zurückziehen. Es begann damit, dass sie ihr Schlafzimmer im Nikolai-Palast in
eine Klosterzelle verwandelte. Sie ließ das wertvolle Mobili-
ar entfernen, die Wände weiß streichen und Ikonen und Bilder mit religiösen Motiven anbringen. Dann stellte sie ein
großes Kreuz auf, das in die Kleidungsstücke gehüllt war,

die Sergej bei seinem Tod trug. Sie verließ ihre Räume nur, um der Krankenpflege nachzugehen. Sie hatte bereits vor einigen Jahren ein Krankenhaus in ihrem Sommersitz Iljinskoje gegründet, im Herbst 1905 kam ein weiteres in Moskau in der Nähe des Kreml dazu.

Nach wie vor war die soziale Lage angespannt, in den Straßen Moskaus flammten täglich Unruhen auf, und die Gegend um den Kreml galt als besonders gefährlich. Das hielt Elisabeth jedoch nicht davon ab, ihre Krankendienste zu verrichten. Maria war entsetzt, dass ihre Tante ein solch großes Risiko einging. Sie fand ihr Verhalten leichtsinnig und stellte sie an einem Abend heftig zur Rede. Elisabeth verteidigte sich, die Versorgung der Kranken und Verwundeten sei für sie das Wichtigste. Dort werde sie wirklich gebraucht. Anscheinend begriff sie nicht, dass Marias Wutausbruch auch eine Art Hilferuf war – ihre Nichte hätte sie ebenfalls dringend gebraucht.

Elisabeth wollte von nun an den Armen, den Bedürftigen und den Kranken helfen. Ihren Besitz, darunter eine Juwelensammlung mit den erlesensten Schmuckstücken, teilte sie in drei Teile: einen Teil überließ sie dem Staatsschatz, den zweiten Teil gab sie ihren Verwandten, den dritten und größten Teil benutzte sie, um ihr neues Projekt zu realisieren. Sie kaufte ein Stück Land, gründete das Martha-und-Maria-Kloster und wurde dessen Vorsteherin. Nachdem sie den Segen des Bischofs erhalten hatte, kündigte sie an, die »glänzende Welt« zu verlassen und sich in eine höhere Sphäre zu erheben. Sie entschied sich für eine entbehrungsreiche Lebensweise, die dem Wohl der Allgemeinheit untergeordnet war. Zu ihrem Kloster gehörten ein Krankenhaus, ein Waisenhaus und eine Schule. Elisabeth vertrat die Auffassung, man müsse die Ausübung religiöser Praktiken mit Sozialarbeit verbinden und rief eine Gemeinschaft der Liebe und Barmherzigkeit ins Leben. Kranke wurden kostenlos behandelt und mit Medikamenten versorgt, Arme erhielten zu essen. Großfürstin Elisabeth, die sich nun Äbtissin Elisabeth nannte, zählte offensichtlich zu den Menschen, die zwar die Menschheit als Abstraktes lieben konnten, aber keinen einzelnen. Jedenfalls übersah sie die Not ihrer Nichte, die sie vergeblich um Rat und Beistand bat. Sie verstand Marias seelische Not nicht.

Bis heute wirkt Elisabeths Arbeit über die Grenzen Russlands hinaus. Ein Kloster in Deutschland beruft sich auf ihre Lehre und erzieht Frauen und junge Mädchen nach ihren Prinzipien. 2005 wurde in Buchendorf bei München das einzige orthodoxe Frauenkloster »Skit der Heiligen Großfürstin Elisabeth« auf dem Gelände des ehemaligen katholischen Klosters eröffnet. Einige Schwestern lehren an der Sonntagsschule der Münchner Kathedralkirche, andere nähen Kirchengewänder, Taufhemden und die Klosterkleidung. Um den Lebensunterhalt zu sichern, werden verschiedene Arbeiten auf Bestellung verrichtet. Dazu gehören Goldstickerei und Buchbinderei, die eine lange Tradition im Klosterhandwerk haben. Mit der Eröffnung des Klosters entstand das Sommerlager Martha und Maria, das einmal jährlich stattfindet und Mädchen aus allen Gemeinden Deutschlands die Möglichkeit zu einem gemeinsamen einwöchigen Klosteraufenthalt bietet, bei dem sie das Klosterleben erfahren, verschiedene Arbeiten verrichten, einander besser kennenlernen und geistig wachsen können.

Im Verlobungsjahr 1907 erhielt Maria täglich Schwedischunterricht bei »Fröken« – eigentlich hieß die Schwedischlehrerin Fräulein Vigert. Maria war die erste russische Großfürstin, die Schwedisch lernte – in erstaunlich kurzer Zeit. Ihre Bibliothek füllte sich nun auch mit schwedischen Büchern. Sie las Werke über die Bernadotte-Dynastie, Reiseführer, die Sagas, Selma Lagerlöfs *Nils Holgersson* und die Märchen des dänischen Dichters Hans Christian Andersen.

Als sie sich im Juni 1907 verlobten, waren sich Maria Pawlowna und Prinz Wilhelm noch fremd. Keiner kannte die Heimat des anderen oder wusste etwas über dessen Leben. Maria war noch nie in Schweden gewesen, Wilhelm blieb nach der Verlobung einige Wochen in Russland. Da kamen sie sich endlich näher. Nach seiner Rückkehr nach Schweden begannen sie einen intensiven Briefwechsel. Sie tauschten Liebesbriefe, in denen sie einander erzählten, wie sich das jeweilige eigene Leben gestaltete. Es war ihr einziger Weg, sich überhaupt kennenzulernen. Erhalten sind nur die Briefe Maria Pawlownas an ihren geliebten Willy. Der letzte stammt vom 4. April 1908. Zwei Wochen später, am 20. April, fand die Hochzeit in Zarskoje Selo statt.

Maria Pawlownas Briefe erzählen die Geschichte zweier junger Menschen, die sich die allergrößte Mühe geben, einander zu lieben. Ob sie ihrem Verlobten fast täglich schrieb, weil es ihre Tante wollte, oder ob sie selbst das Bedürfnis hatte, ist nicht klar. Bei manchen Briefen scheint ihr die Gouvernante über die Schulter geblickt zu haben, aber die meisten sind in ehrlichem, direktem Ton verfasst und haben Tagebuchcharakter. Maria schreibt munter drauflos: Sie schildert ihren Alltag, den Unterricht, die Ferien, ih re sportlichen Aktivitäten. Zuweilen tauchen auch Klagen über ihre Tante und ihre Erzieherin auf. Offensichtlich vertraute Maria ihrem Verlobten. Er scheint die Stelle ihres Bruders eingenommen zu haben.

Das, was sie mit Dmitri verband, hoffte sie nun bei ihrem Verlobten zu finden: Nähe, Verständnis, Freundschaft. »Lieber Willy, wir sind Freunde, weil wir uns kennen und verstehen. In dieser kurzen Zeit von zwei Monaten haben wir einander mehr erzählt als wir anderen in Jahren erzählt haben«, staunte sie. Sie vertraute ihm an, dass Dmitri der einzige Mensch war, den sie wirklich liebte, und fügte erklärend hinzu: »Ich meine, der einzige Mensch in Russland.« Sie projizierte ihre Sehnsucht nach Beistand nun auf Wilhelm: »Ich wünschte mir so sehr, Dich in diesem Moment bei mir zu haben. Ich möchte meinen Kopf auf Deine Schulter legen, Du dürftest mich küssen, dann könnte ich gut schlafen.« Mit Begeisterung malte sie sich ihr gemeinsames Leben aus: Schön und gemütlich sollte ihr neues Zuhause sein und auf keinen Fall zu groß. Sie freute sich schon darauf, ihr eigenes Nest einzurichten. Und sie hatte viele Pläne für die gemeinsame Zukunft nach ihrer Heirat: »Dann werden wir zusammen reisen und genauso leben, wie wir es wünschen und wie es uns gefällt: Ich freue mich auf ein wunderbares Leben – ein Leben voll von Liebe und Glück, genau, wie du es in deinen Briefen schreibst.«

Im November 1907 kam Wilhelm wieder für einige Wochen nach Russland. Die Beziehung der beiden intensivierte und veränderte sich. Der geschwisterlich-freundschaftliche Ton in den Briefen wurde von einem liebevoll-schwärmerischen abgelöst. »Ich lebe nur für meine Liebe. Ich schlafe, ich esse, ich gehe nur für Dich, und ich weiß wirklich nicht, was wäre, wenn ich jetzt allein wäre. Meine Briefe können jetzt viel deutlicher als zuvor ausdrücken, was ich fühle. Es scheint viel leichter und einfacher, Dir die Dinge zu sagen, für die ich im Sommer noch viel zu schüchtern gewesen wäre. Ich sehe Dein Lächeln! O ja lächle bitte, ich liebe Dein Lächeln. Mein Herz macht einen Hupfer, wenn ich mir vorstelle, wie Du Deine Mundwinkel nach oben ziehst und sich Deine Lippen öffnen. Deine Augen haben dann so einen entzückenden Ausdruck.« Sie schließt den Brief mit dem Wunsch, ihn jetzt sofort zu küssen, ihre Arme um seinen Hals zu schlingen und ihn an sich zu drücken. Diese Direktheit scheint auch sie selbst zu überraschen; sie vermutet, er sei erstaunt über ihren heutigen Brief und erklärt: »Nun, es ist einfach das, was ich fühle.«

Mit all ihrer Kraft und Phantasie schrieb sie sich in die Liebe hinein. Sie wollte die Tatsache, dass ihre Verbindung eine arrangierte war, am liebsten ganz auslöschen. Warum sollte eine Vernunftehe nicht zur Liebesehe werden? Das war es, was sie sich wünschte. Davon erzählten ihre Briefe bis zu Wilhelms Besuch im Februar 1908. Danach änderte sich der Ton.

Was war geschehen? Hatten sie sich gestritten? War es zu einem Zwischenfall gekommen, der Maria verletzt hatte? Oder hatte sie einfach ihre rosarote Brille abgesetzt und die Geschichte ihrer romantischen Liebe als Märchen entlarvt? Durch ein heute nicht mehr zu ermittelndes Ereignis muss Maria realisiert haben, was mit ihr und ihrem Bräutigam gemacht wurde. Dass es bei dem zentralen Ereignis im Leben einer Frau, als das man ihr die Hochzeit propagiert hatte, gar nicht um ihr Glück ging, sondern um etwas anderes, wurde ihr immer deutlicher. Sie verspürte den Drang, angesichts der Manipulation, als deren Opfer sie sich fühlte, die Notbremse zu ziehen. »Ich habe mich in dieser Zeit unglaublich schnell entwickelt«, erklärt sie rückblickend. »Eine Mutter hatte ich nicht, und von meinem Vater konnte ich keine Hilfe erwarten. Ich fand, dass sich Tante Ella über die einfachsten Regeln des menschlichen Zusammenseins hinwegsetzte. Sie nahm überhaupt keine Rücksicht auf meine Ansichten und Gefühle, und vor allem fand ich, dass alles schiefging und zwar viel zu schnell.«

Sie beging die Ungeheuerlichkeit, ihrem Verlobten einen Brief zu schreiben, in dem sie ihm nahelegte, die Verlobung aufzulösen. Sie bat ihn inständig, ihr eine ernste wichtige Frage zu beantworten, und das so rasch wie möglich: Sie habe bei seinem letzten Besuch in Moskau ein völlig verändertes Verhalten ihr gegenüber bei ihm festgestellt. Er sei ein ganz anderer Mensch gewesen, das hätte sich schon bei seinem vorletzten Besuch angekündigt, aber noch nicht so deutlich. Doch diesmal habe er sie mit seinem Verhalten tief verletzt. Nun frage sie ihn, ob er ihr böse sei, ob sie ihn gekränkt habe, ob sie ihn langweile, so dass er sich nicht mehr so um sie kümmere wie früher. Er wisse ja nicht, was sie durchgemacht habe, es sei furchtbar gewesen. »Anworte mir – liebst Du mich wirklich wahrhaftig? Wenn Du mir diese Frage nicht beantwortest oder Dich nicht mehr für mich interessierst, kann ich unser beider Glück nicht riskieren. Verstehst Du mich?« Eindringlich betonte sie noch einmal, wie schrecklich unglücklich sie sei und wie schwer es ihr falle, ihm diesen Brief zu schreiben. Doch es sei besser, alles klar auszusprechen und nichts unter den Tisch zu kehren. Dann gestand sie ihm ihre Liebe. Er könne sich ihrer sicher sein, deshalb habe sie seine Kälte auch so verletzt. Zum Schluss forderte sie ihn auf: »Überleg es Dir gut, bevor Du mir schreibst – aber antworte mir, so schnell Du kannst. Deine unglückliche kleine Braut Marie.«

Sie fügte noch einen erklärenden Nachsatz an, in dem es heißt, sie habe einfach nicht gewusst, was sie tun sollte, als er so verändert war, so fremd, so kalt. Wilhelm reagierte mit einem traurigen Brief, von dem Maria im Nachhinein illusionslos glaubte, er sei ihm diktiert worden. Die Angelegenheit sei zu weit fortgeschritten, als dass man sie noch stoppen könne. Rückblickend realisierte sie die politische Dimension der Verbindung und welchen Skandal es bedeutet hätte, wenn die Ehe nicht zustande gekommen wäre. Ende 1907 liefen die Verhandlungen der Außenminister Russlands und Schwedens über die Bedingungen eines russisch-schwedischen Bündnisses parallel zu den Verhandlungen über den Ehevertrag zwischen Großfürstin Maria Pawlowna und Prinz Wilhelm. Im April 1908, zehn Tage vor der Hochzeit, wurde der Ostseevertrag zwischen Schweden, Deutschland, Dänemark und Russland geschlossen. Zar Nikolaus II. und König Gustaf V. stießen bei der Hochzeitsfeier auf diese politische Annäherung an. Der Zar betonte die Bedeutung des Zusammentreffens eines so glücklichen Familienereignisses mit dem russisch-schwedischen Abkommen. Der König pflichtete ihm bei und brachte seine Hoffnung auf die Festigung der gegenseitigen freundschaftlichen Beziehungen zum Ausdruck. All das war Maria nicht bewusst, als sie, enttäuscht von ihrer Liebesbeziehung, Anfang

1908 drauf und dran war, die Verlobung zu lösen. Als sie es im Nachhinein realisierte, stand für sie fest, was sie anfangs nur vermutet hatte: Ihr geliebter Willy hatte sich nicht in erster Linie für sie, sondern für die Staatsräson entschieden. Am 20. April 1908 fand die Hochzeit von Großfürstin Maria Pawlowna und Prinz Wilhelm von Schweden in Zarskoje Selo statt.

Kapitel 8
Als kaiserliche Hoheit am schwedischen Königshof

Marias Hochzeitskleid war aus Silberbrokat, wie es die russische Tradition verlangte. Alle Großfürstinnen trugen silberne Hochzeitskleider. Silberne Blumen rankten sich auf dem edlen Stoff, abgesetzt mit silbernen Blenden. Das Oberteil lag eng an, der Halsausschnitt war mit Hermelin besetzt, der weite Rock endete in einer langen Schleppe. Zum Festgewand gehörte ein dunkelroter Samtumhang, der ebenfalls mit Hermelin gesäumt war. Für die zierliche Maria Pawlowna war die mächtige Robe Kokon und Rüstung zugleich. »Unter dem Gewicht meiner Kleidung und meines Schmuckes glaubte ich zusammenbrechen zu müssen. Ich konnte mich kaum bewegen«, berichtet sie in ihrer Autobiografie. »Zwei Kammerherren, zwei Pagen und General Mengden, der Kammerherr meiner Tante, trugen meine Schleppe und meinen Hofmantel, und dennoch konnte ich kaum gehen.«

Maria Pawlownas Hochzeit war, genau wie seinerzeit ihre Taufe, ein bedeutendes gesellschaftliches Ereignis und bot dem Zaren einmal mehr die Möglichkeit der Repräsentation, diesmal vor allem vor einem internationalen Publikum. Die Feierlichkeiten folgten einer ausgefeilten Dramaturgie. Mit einem morgendlichen Kanonensalut wurde der Festtag in Sankt Petersburg eingeleitet. Die ganze Stadt war mit Fahnen geschmückt. Man hatte für die 2000 geladenen Hochzeitsgäste Sonderzüge zwischen der Hauptstadt und dem Ort der Feierlichkeiten, der 15 km entfernten Residenz

Zarskoje Selo, eingesetzt. Marias großer öffentlicher Auftritt stand um drei Uhr nachmittags auf dem Plan. Da fand in der Kirche des Großen Palastes die Trauung statt. Maria Pawlowna beschreibt die aufwendigen Vorbereitungen detailliert. Sie begannen mit dem Anlegen des Brautkleids. Dann wurden die goldene Toilettengarnitur und der Ankleidetisch der Zarin Anna Iwanowna aus der Eremitage geholt, vor dem die Braut mit den Kronjuwelen ausgestattet wurde: »Diese bestanden erstens aus dem Diadem der Zarin Katharina mit einem rosafarbenen Diamanten in der Mitte von außerordentlicher Schönheit und der kleinen rotsamtenen Krone, die ganz mit Diamanten besetzt war. Ferner aus dem großen Diamanthalsband, den Armbändern und dem kirschenförmigen Ohrgehänge, das wegen seiner Schwere mit goldenen Haken über die Ohren gehängt wurde.«

Beginn und Schluss der Trauung in der Palastkirche wurden durch Kanonenschüsse signalisiert. Nach der orthodoxen Trauung erfolgte die evangelische, da der Bräutigam dieser Konfession angehörte. Am Abend fanden Galadiner und Hofball statt. Die Kleiderordnung war streng geregelt: Die Männer trugen Paradeuniformen, die Frauen das »russische Kleid«, die traditionelle Hoftracht, die Prunk und Volkstümlichkeit miteinander verband. Das Finale bildete die Polonaise, an der das Brautpaar und Angehörige beider Herrscherfamilien teilnahmen, bevor sie sich vom Fest zurückzogen.

An den darauffolgenden Tagen gab es für das junge Ehepaar noch einige Repräsentationstermine, darunter der Empfang in der schwedischen Botschaft sowie Audienzen im Winterpalast, um die Glückwünsche entgegenzunehmen. Eine

Woche später gingen sie auf eine vierwöchige Hochzeits-
reise: Erste Station war Karlsruhe, wo sie Prinz Wilhelms
Großeltern, Großherzog Friedrich I. von Baden und Großherzogin Luise, besuchten. Anschließend fuhren sie nach
Italien und Frankreich.

Die Eheschließung von Maria Pawlowna und Prinz Wilhelm war in vielfacher Hinsicht ein besonderes Ereignis: Eine kaiserliche Hoheit verband sich mit einer königlichen
Hoheit. Maria Pawlowna heiratete als russische Großfürstin in ein europäisches Herrscherhaus ein, das nicht mit
dem Zarenhof verwandt war. Die Hochzeit fand nicht in
der Heimat des Bräutigams statt, sondern in der der Braut.
Die dreihundert Jahre alte Romanow-Dynastie betonte damit ihre Vormachtstellung vor der gerade erst seit hundert
Jahren regierenden Bernadotte-Dynastie. Dieses Gefälle sollte der Welt unmissverständlich kundgetan werden. Der Zar
setzte auf die internationale Presse und ließ sie zu diesem
wichtigen Anlass einladen. Sein besonderes Interesse galt
der schwedischen Presse. Selbst in den amerikanischen Medien wurde über den Reichtum, Glanz und Glamour am Zarenhof berichtet. Fast jeder Artikel widmete sich ausführlich dem Brautkleid und der Ankleidezeremonie.

Für Maria Pawlowna war nach der Hochzeit alles neu:
Sie ging in ein Land, das sie genauso wenig kannte wie die
Menschen, unter denen sie in Zukunft leben würde. Sie
war reich, verfügte über ein beachtliches Vermögen. Laut
Ehevertrag war sie finanziell unabhängig. Dieser Vertrag
war im Vorfeld von jeweils zwei russischen und zwei schwedischen Bevollmächtigten ausgehandelt worden. Die Mitgift betrug eine Million Rubel, dreieinhalb Millionen Rubel

hatte ihr der Onkel Sergej vererbt. Sie würde das Geld nach dem Tod ihrer Tante Elisabeth erhalten. Dazu kam ein angespartes Kapital von 775 000 Rubel. Einen Teil des Geldes nahm Maria Pawlowna mit nach Schweden, der andere blieb in Russland und wurde in Aktien und Staatsanleihen angelegt. Die Zinsen, die ihr regelmäßig vom russischen Hofministerium ausgezahlt wurden, dienten der Finanzierung ihres Unterhalts in Schweden. Sie kaufte dort ein Grundstück und ließ einen Palast bauen, in dem sie mit ihrem Mann leben wollte. Ihre Tante hatte ihr dafür 250 000 Rubel zur Verfügung gestellt. »Oakhill«, wie der neue Palast in Stockholm genannt wurde, gehörte Maria Pawlowna. Prinz Wilhelm, der sich zwar auch am Unterhalt von Oakhill beteiligte, war für die Sommerresidenz, Schloss Stenhammar, finanziell verantwortlich.

Laut Ehevertrag wurde von Maria Pawlowna eine ihrem Rang entsprechende Brautausstattung erwartet. Diese blieb zwar in ihrem Besitz, diente aber als Grundstock des gemeinsamen Hausstands. Maria Pawlownas Mitgift war ungewöhnlich hoch. Allerdings würde das schwedische Königshaus erst davon profitieren, wenn aus der Ehe Kinder hervorgingen. Diese würden nach dem Tod ihrer Mutter deren gesamten Besitz erben. Blieb die Ehe kinderlos, fiele die Mitgift wieder an die Romanows zurück. Dieser Regelung ist eine genaue Inventarliste zu verdanken, mit deren Hilfe sich heute noch der ungeheure Reichtums Marias ermessen lässt: In den 160 Holzkisten, die von Russland nach Schweden transportiert wurden, befanden sich Juwelen, Silber, Porzellan, Geschirr, Gläser, Möbel, Wäsche, Kleider, Gemälde, Fotografien, Ikonen und die Bücher aus Marias Bibliothek. Allein der Schmuck hatte damals einen Wert von 180 000 Rubel.

Eine Besonderheit bestand darin, dass das russische Zarenhaus auch nach der Hochzeit für den Unterhalt der Großfürstinnen aufkam. Sie galten weiterhin als Mitglied der Zarenfamilie und behielten den Titel »Kaiserliche Hoheit«. Einzig die Geburt war entscheidend für Rang und Titel. Aberkannt werden konnte beides nur vom Zar.

Maria Pawlownas Einzug in die schwedische Hauptstadt war ein erster Triumph. Die Stockholmer Bevölkerung bereitete ihr im Juni 1908 in der üppig geschmückten Stadt einen freundlichen Empfang. Zu Marias großer Freude hatte ihr Schwiegervater König Gustaf V. ihren Bruder Dmitri eingeladen. Er war zusammen mit seinem Erzieher gekommen und blieb einige Tage in Schweden.

Mit König Gustaf verstand sie sich von Anfang an am besten. Er versuchte, sich in sie einzufühlen und ihr das Leben in der ungewohnten Umgebung zu erleichtern. Da das neue Schloss Oakhill noch nicht fertig war, wohnte das junge Ehepaar zunächst auf dem Sommersitz Stenhammar in Södermanland und im Stockholmer Stadtschloss.

Maria Pawlowna, die sich von ihrer Eheschließung vor allem Freiheit erhofft hatte, war zwar erstaunt, dass in Stockholm so viele Repräsentationspflichten auf sie warteten, doch zunächst gefielen ihr die Feste und Bälle, die ihr zu Ehren veranstaltet wurden. Sie war eine begeisterte Tänzerin und teilte diese Leidenschaft mit ihrem Ehemann. Auch als Gastgeberin brillierte sie, hatte sie doch in Russland besonders unter dem Alleinsein und der Isolation gelitten. Hier schien nun ein kommunikatives Leben zu beginnen – ganz so wie sie es sich gewünscht hatte. Der Sympathie ihrer Umgebung konnte sie sich sicher sein, sie galt als Liebling der Hofgesellschaft und wurde bald übermütig. Es machte ihr Spaß, die strenge Etikette aufzumischen und sich Streiche auszudenken. In ihrer Autobiografie berichtet sie ausführlich davon.

In ihrem Schwiegervater fand sie einen Seelenverwandten. Obwohl er nach außen streng agierte, hatte er zeitlebens Verständnis für sie – was sich später als lebensrettend erweisen sollte. Vielleicht war sie die Tochter, die er sich gewünscht hatte. Er war mit Sicherheit ein Vaterersatz für sie. »Er freute sich über meine Ausgelassenheit, die sich auch von der strengsten Etikette nicht unterkriegen ließ. Er hatte Vertrauen zu mir und ich zu ihm. Manchmal nahm er mich als einzige Frau mit auf die Elchjagd. Während seiner Reisen spielte ich mit ihm und einigen ergrauten Herren im Salonwagen Bridge und freute mich, wenn ich ein paar Kronen gewann. Im Winter spielte ich mit ihm Tennis in den herrlichen Tennishallen in Stockholm. Kurzum, mein Schwiegervater verwöhnte mich, und wir waren so gute Freunde, dass ich ihm manchmal einen Streich spielte.« Einmal verkleidete sie sich als alte Frau und überreichte ihm einen Blumenstrauß. Ihre Maske war so perfekt, dass er sie nicht erkannte. Erst ihr unverwechselbares Lachen verriet sie. Ein anderes Mal wollte sie ihm ihre Künste als Kutscherin präsentieren, doch die Pferde gingen durch, und sie hatte viel Mühe, das Abenteuer glimpflich enden zu lassen.

In der Rückschau charakterisiert sie sich selbst als einfallsreich, unkonventionell, widerständig und kokettiert mit ihrer Unangepasstheit. So habe sie gern ein Silbertablett als

Schlitten benutzt und sei die Palasttreppen heruntergesaust. Ihr Sohn erinnerte sich daran, dass sie ihm einmal mit enormer Geschwindigkeit in der Halle entgegengerast war und ihn beinahe überfahren hätte. Ihm gefiel der Übermut seiner jungen Mutter. Doch einigen anderen weniger. Sie fanden ihr Verhalten unpassend und unwürdig. Allmählich begann man, sie zu beobachten, und stellte fest, dass sie sich auf ihren Ausritten manchmal von jungen Offizieren begleiten ließ. Sie genoss es, dass diese für die »schneidige und reizende Prinzessin« schwärmten. Am Hof beargwöhnte man ihr Verhalten und kritisierte ihren »wilden Lebenswandel«. Doch Maria Pawlowna verwahrte sich gegen jegliche Vorwürfe. Sie war eben eine begeisterte Reiterin, während sich Wilhelm weigerte, in den Sattel zu steigen, weil er der Meinung war, dass »das Pferd ein viereckiges Tier mit einem unruhigen und unzuverlässigen Bein an jeder Ecke« sei. Er habe sich sogar darauf berufen, dass er als Seemann zu Pferde eine »Abnormität« sei.

Die Meinungen über die Kaiserliche Hoheit aus Russland waren geteilt. Während sich einige von der Lebensfreude der jungen Frau mit dem kindlichen Gesicht und den spitzbübischen Einfällen anstecken ließen, betrachteten andere sie als verwöhnte Großfürstin, die anscheinend meinte, sich keiner Etikette unterwerfen zu müssen. Sie bemängelten ihren Übermut als Selbstherrlichkeit. Keiner bedachte, dass die Aufmerksamkeit, die man ihr und ihrem Verhalten in Schweden schenkte, völlig neu für sie war. Das schwedische Volk nahm größeren Anteil an den Geschehnissen am Königshof, als das in Russland üblich war. Dort lebten die Romanows sehr abgeschirmt. So etwas wie ein öffentliches

Leben existierte nur in Zusammenhang mit besonderen Ereignissen. Die russische Monarchie führte ihrem Volk ihr Familienleben nur als kontrollierte Selbstdarstellung vor. Dieser Unterschied im Umgang mit der Öffentlichkeit wird auch in den Berichterstattungen über die Hochzeit deutlich: In Russland wurde über das Zeremoniell, die offiziellen Teilnehmer, die Anordnung des Hochzeitszugs berichtet. In Schweden interessierte man sich vor allem für das junge Paar, seine Zukunftspläne, die Höhe der Mitgift, die Hochzeitsgeschenke, das Brautkleid und die Ankleidezeremonie.

Kapitel 9
Lennart, der kleine Prinz

Ein Jahr nach der Hochzeit, am 8. Mai 1909, brachte Maria Pawlowna einen Sohn zur Welt: Seine Königliche Hoheit Prinz Gustaf Lennart Nicolaus Paul, Erbfürst von Schweden, Herzog von Småland. Viele Jahre später erzählte sie ihm von den Schwierigkeiten, die sie und ihr Mann am Anfang ihrer Ehe gehabt hatten. Sie waren beide jung, unaufgeklärt und kannten niemanden, dem sie sich anvertrauen konnten. Für Maria wäre es undenkbar gewesen, mit ihrer Tante Elisabeth über Sexualität zu sprechen. Sie hoffte, in ihrem Mann einen erfahreneren Partner zu haben, doch weit gefehlt: »Dein Papa war so schüchtern und unentschlossen, dass er mehrere Monate lang gar nicht wagte, mit mir zu schlafen, und keiner von uns beiden wusste überhaupt so richtig, wie so etwas vor sich ging«, berichtete sie Lennart. »Aber dann klappte es ja hinterher, und ich war sehr, sehr froh, als ich meinen Jungen bekam.«

Lennart Bernadottes erste Erinnerungen an die Eltern datieren von 1912. Die beiden kamen von einer langen Reise aus Siam zurück und brachten ihm zwei kleine Pferde mit. So lernte er schon früh – er war gerade drei Jahre alt – das Reiten. Natürlich war seine Mutter die Initiatorin gewesen. Selbst eine leidenschaftliche Reiterin wollte sie auch ihren Sohn dazu erziehen und hatte Erfolg: Das Reiten wurde eins seiner liebsten Hobbys.

Die zweite unvergessliche Erinnerung betraf sein großes Kinderzimmer in der Villa Oakhill. Es war prachtvoll wie das ganze Haus, und er durfte darin herumtoben, so viel er wollte. Lennart sollte nicht zu früh an Pflichten und Etikette gewöhnt werden. Am liebsten spielte er mit seinem Vater Indianer. Dieser besuchte ihn manchmal am Nachmittag, am Abend wurde er von seiner Mutter zu Bett gebracht. Sie sprach mit ihm zusammen das Nachtgebet.

Lennart empfand seine Mutter als sehr religiös. In ihrem eigenen Zimmer war eine »Ecke für orthodoxe Glaubensübungen« eingerichtet, die auf das Kind anziehend und respekteinflößend zugleich wirkte. Dort brannte ein kleines rotes Licht und beleuchtete die Ikonen an der Wand. Die religiösen Bräuche ihrer russischen Heimat waren Maria Pawlowna lieb und teuer. Darüber hinaus praktizierte sie eigene Rituale: Wenn jemand auf Reisen ging, hielt sie ihn an, den Abschied mit einer stillen Minute zu beschließen. Die temperamentvolle junge Frau wurde dann ganz ruhig und hieß die anderen, einen Kreis zu bilden und zu schweigen. Erst wenn sie das Kreuzzeichen schlug, war die Andacht beendet. Lennart wurde von seiner Mutter früh mit Ritualen vertraut gemacht, die in Schweden nicht üblich waren. Dem Jungen gefielen die Ernsthaftigkeit und die Feierlichkeit. Er war fasziniert von der Wandlungsfähigkeit seiner jungen Mutter, die tagsüber mit ihm herumtollte wie ein Kind und abends wie eine Priesterin agierte. Dadurch habe er gelernt, Rituale zu schätzen, schreibt Lennart Bernadotte in seinen Memoiren *Gute Nacht, kleiner Prinz.* Später habe er immer, wenn er die Mainau verlassen musste, den Türpfosten seines Arbeitszimmers geküsst.

Unvergesslich blieben Lennart Bernadotte die schönen Spielsachen, die seine Eltern ihm schenkten, darunter die

Puppe Astrid, die ihm lange Zeit »eine liebe Gefährtin« war. Er besaß schon früh ein eigenes Grammophon und hörte am liebsten Marschmusik. Wenn die Musik ertönte, marschierte der Junge im Takt in seinem Zimmer auf und ab. Das spektakulärste Geschenk erhielt er jedoch im Sommer 1913: einen jungen Löwen. Sein Vater brachte ihn von einer Jagdexpedition nach Afrika mit. Lennart war begeistert von seinem neuen Spielgefährten. Der Löwe war niedlich, verspielt und wild. Lennart nannte ihn Simba und tollte unbeschwert mit ihm herum, doch es dauerte nicht lange, bis nach und nach »immer mehr vom Löwen zum Vorschein« kam. Das bedeutete vor allem, dass er ständig Hunger hatte. »Ehe Simba so weit ging, seinen Hunger mit einem dafür geeigneten Hofbeamten zu stillen, schenkte Papa ihn dem Zoologischen Garten von Kopenhagen«, berichtet Lennart Bernadotte. Er fügte sich dem väterlichen Gebot, auch wenn er es damals nicht verstehen konnte.

1912 erschien im schwedischen Verlag Nordstedt *Prinz Lennarts ABC-Buch*. Beim Buchstaben L war zu lesen: »Bald Prinz Lennart Kurs dann hält / Auf die große weite Welt«. Einige Mitschüler Maria Pawlownas von der Kunstgewerbeschule, die sie seit einiger Zeit besuchte, hatten das Buch für ihren Sohn gestaltet. Das ABC-Buch enthielt für jeden Buchstaben eine Seite mit einem Vers, der meistens direkt auf den kleinen Prinzen bezogen war. »Seiner königlichen Hoheit, Prinz Lennart«, lautete die Widmung. »Die Höhere Kunstgewerbeschule in Stockholm, die die Freude hatte, Eure Hohe Mutter zu ihren Schülern zu zählen, erlaubt sich in dankbarer Erinnerung daran, mit Dero gnädiger Erlaubnis Eurer Königlichen Hoheit dieses ABC-Buch zuzueignen.« Tatsächlich war Prinz Lennart im Alter von drei Jahren schon weit gereist, wie der Vers zum Buchstaben L besagte. Bereits als Baby hatte ihn seine Mutter im Sommer 1909 mit nach Russland genommen. 1912 besuchte sie mit ihm ihren Vater, ihre Stiefmutter und ihre Halbschwestern in Paris. »Meinen Großvater, Großfürst Paul Alexandrowitsch, soll ich im Herbst 1912 getroffen haben, als meine Mutter und ich bei ihm und seiner Familie in Boulogne-sur-Seine nördlich von Paris wohnten. Mit der gesamten russischen Verwandtschaft wurde ich im Jahr darauf konfrontiert, als wir in Moskau als Gäste im Kreml waren, um beim Feiern des 300-jährigen Thron-Jubiläums der Romanows zu helfen.«

Maria Pawlowna nahm ihren kleinen Sohn mit in die geliebte Heimat. Sie fuhren zunächst mit dem Schiff nach Sankt Petersburg, von dort aus nach Moskau, wo sie im Kreml wohnten. Es war eine Reise, die den Dreijährigen tief beeindruckte. »Noch heute könnte ich ohne Schwierigkeiten den Weg zu meinen Zimmern finden«, bekannte er in *Gute Nacht, kleiner Prinz.* »Zwei Wachtposten standen unbeweglich auf ihren kleinen Fußteppichen vor der Gartenseite, und ganz in der Nähe, genau in der Kremlmauer, stand eine Kirche, die alle Viertelstunde einmal läutete. Gegenüber von meinem Fenster erhob sich der hohe Glockenturm Iwans des Großen, und zu seinen Füßen lag eine riesige Kirchenglocke, die abgestürzt war, als man sie hinaufhieven wollte.« Fasziniert und »in neugierigem Schrecken« beobachtete der kleine Junge, wie vier starke Männer all ihre Kräfte aufboten, um die Klöppel zu bewegen und die Glocken zum Klingen zu bringen.

Die Romanow-Dynastie beging ihre dreihundert Jahre

währende Herrschaft mit einem Festakt, der an Glanz und Prunk alles übertreffen sollte, was bisher geboten worden war. Die Hauptstraßen Sankt Petersburgs waren in den kaiserlichen Farben Weiß-Blau-Rot und mit den Bildern aller Zaren – von Michail, dem Gründer der Dynastie, bis zu Nikolaus II., dem aktuellen Herrscher – geschmückt. Lichterketten mit Leuchtbuchstaben spannten sich entlang der Oberleitung der Straßenbahn. Wenn es dunkel wurde, konnte man »Gott segne den Zaren« lesen und den doppelköpfigen Romanow-Adler mit den Daten 1613-1913 bewundern. Eine ganze Woche lang ließ sich die Zarenfamilie feiern. Im Winterpalast wurden Empfänge und Bälle veranstaltet, im Marientheater wurde die Galavorstellung der patriotischen Oper *Ein Leben für den Zaren* von Michail Iwanowitsch Glinka gegeben. Es war das erste Mal in der Geschichte des kaiserlichen Theaters, dass ein Zar aus dem Hause Romanow auf der Bühne dargestellt wurde. Die Logenreihen »glänzten vor Juwelen und Diamanten«, staunte die Tochter des britischen Botschafters Buchanan und berichtete, in den ersten Reihen hätten sich die scharlachroten Uniformen der Hofbeamten »wie ein Klatschmohnfeld« im Wind gewiegt, als sich die Männer beim Eintreten des Zaren erhoben.

Drei Monate später trat die Zarenfamilie eine Pilgerreise auf der Route an, die Michail Romanow nach seiner Wahl zum Zaren im Jahr 1613 zurückgelegt hatte. Sie führte von seinem Heimatort Kostroma an der Wolga nach Moskau. Der Einzug in die alte russische Hauptstadt, in der der erste Romanow-Zar vor dreihundert Jahren gekrönt worden war, bildete den Höhepunkt der Reise. Die Welt bewunderte die Demonstration monarchischer Machtfülle. In dieser unruhigen, nach Veränderung drängenden Zeit galt es, Kraft aus der glanzvollen Vergangenheit zu gewinnen, um die autokratische Herrschaftsform zu legitimieren. Der Mythos von der Gottgewolltheit und Göttlichkeit des Zaren wurde wieder einmal eindringlich beschworen.

All das war dem kleinen Lennart natürlich nicht bewusst, als er von seinem Aussichtsplatz am Fenster die »unendlich lange und prachtvolle« Prozession beobachtete. Doch am eindrucksvollsten fand er damals »den riesigen Matrosen, der den Zarewitsch, den Thronfolger mit der Bluterkrankheit, auf seinen starken Armen trug«. Außerdem erinnerte er sich daran, dass ihm dessen Schwestern – seine Cousinen – bei seinem Besuch im Schloss einen ziemlichen Schreck eingejagt hatten: »Plötzlich nahmen alle Mädchen, Olga, Tatjana, Maria und Anastasia, ihre Haare ab und standen lachend und vollkommen kahlköpfig vor mir.« Sie erklärten ihm, sie seien an Typhus erkrankt gewesen und hätten dabei ihre Haare verloren. Da habe man ihnen die Köpfe kahl geschoren, damit das Haar schneller nachwuchs und für die Übergangszeit Perücken angefertigt.

Bereits nach ihrem ersten Jahr in Stockholm hatte Maria Pawlowna erkannt, dass das Leben am schwedischen Königshof nicht das war, was sie sich erträumt hatte. Sie war häufig allein, denn Wilhelm war als Marine-Offizier oft monatelang auf See. Die Geburt ihres Sohnes war zwar ein freudiges Ereignis, doch konnte sich Maria Pawlowna letztendlich nicht mit der Mutterrolle identifizieren. Dass sie das selbst erkannte und als Mangel empfand, machte es für sie nicht leichter. Ihrem Tagebuch gestand sie, dass es ihr keine Freude bereitete, ständig für ihr Kind zu sorgen. Sie habe einfach nicht die Fähigkeit dazu, wisse zwar, dass es eigentlich ihre Aufgabe sei, aber dieses Wissen erzeuge nur einen zusätzlichen Druck, der ihr das Kind noch stärker entfremde. Sie zog ein schonungsloses Fazit: »Ich bin eine schlechte Mutter, sogar eine sehr schlechte.«

Um ihrer Isolation zu entfliehen und einer Tätigkeit nachzugehen, die sie interessierte, schrieb sie sich bei der Höheren Kunstgewerbeschule in Stockholm ein. In Oakhill hatte sie sich zwischen Esszimmer und Halle ein Studio eingerichtet, in dem sie in Gegenwart eines Papageis aquarellierte und mit Ölfarben malte. Doch es reichte ihr nicht mehr, allein für sich zu malen und zu zeichnen, was sie schon seit einer Weile tat. »Die Ziellosigkeit meines Lebens beunruhigte mich, ich wollte wirklich etwas schaffen.« Sie brauchte darüber hinaus den kreativen Austausch mit anderen Menschen.

Am schwedischen Hof fühlte sie sich zunehmend unwohl. Sie war und blieb eine Außenseiterin. Nur mit ihrem Schwiegervater, König Gustaf V., verstand sie sich nach wie vor sehr gut, obwohl sie ihn zunehmend kritisch betrachtete: »Ich liebe und achte ihn sehr, halte ihn im Übrigen aber für einen ganz gewöhnlichen Menschen von schwachem Charakter. Ich finde bei ihm alle diejenigen Züge, die auch meinen Mann auszeichnen, nämlich ein minimales Interesse für ernsthafte Dinge, Nachlässigkeit und Flucht vor Diskussion, besonders unangenehmer Dinge.«

Mit den weiblichen Mitgliedern der Familie kam sie nicht zurecht. Sie sah sich Rivalität und Konkurrenz ausgesetzt. So waren die anderen Frauen neidisch auf ihren Reichtum, vor allem auf ihren wertvollen Schmuck. Dieser Neid erhielt noch Nahrung durch ihre Schwiegermutter, Königin Victoria. Für diese spielten Titel und Etikette eine zentrale Rolle. Sie betonte immer wieder, dass ihr Sohn als Königliche Hoheit mit einer Kaiserlichen Hoheit verheiratet sei. »Und dann musst du dich auch daran erinnern, dass Oakhill von meiner Mitgift gebaut wurde und dass im Ehekontrakt ausgehandelt wurde, dass ich für die gesamte Hofhaltung aufkommen musste. Das war für deinen Papa wahrhaftig eine erniedrigende Situation, und das alles trug nicht dazu bei, ein Zusammenleben entspannter und harmonischer zu gestalten. In finanzieller Hinsicht jedenfalls musste er sich als unter dem Pantoffel stehend betrachten«, habe ihm seine Mutter rückblickend erklärt, erinnert sich Lennart Bernadotte in seinen Memoiren.

Maria Pawlownas Schwiegermutter, Königin Victoria von Schweden, stammte aus Deutschland. Sie war die Tochter des Großherzogs Friedrich I. von Baden, der als Regierender Fürst von 1865 bis 1907 über sein Land herrschte und auf der Insel Mainau lebte. Er war gutmütig, großzügig und sehr beliebt. Ihre Mutter, Großherzogin Luise von Baden, war eine tief gläubige, willensstarke Frau, die keinen Zweifel daran ließ, wer in ihrer Ehe das Sagen hatte. Ihre Verwandten nannten sie »Tante Gott-befohlen« und ihren Mann »Onkel wie-du-willst-Luise«. Königin Victoria orientierte sich offensichtlich stark an der Haltung ihrer Mutter. Folglich waren ihre Lebensmaximen Gottesglauben und Pflichtbewusstsein, Traditionsverbundenheit und Autoritätsgehorsam, Menschenliebe und eine solide Allgemeinbildung. Sie stellte hohe Anforderungen an ihre Umgebung und an sich selbst. Maria Pawlowna fühlte sich manches Mal an ihre

Tante Ella erinnert. Die Konflikte, die sie vor einigen Jahren mit dieser ausgefochten hatte, schienen sich nun unter veränderten Vorzeichen zu wiederholen.

Immer wenn sich Maria in Stockholm unglücklich und unverstanden fühlte, flüchtete sie sich nach Paris. Nun konnte ihr niemand mehr verbieten, ihren Vater aufzusuchen. Sie lernte ihre drei kleinen Halbgeschwister kennen. Die Beziehung zu ihrem Vater intensivierte sich, zu ihrer Stiefmutter fasste sie Vertrauen und nannte sie bald beim Vornamen. In einigen Briefen wählte sie sogar die Anrede »Mama«. Olga Walerianowna war die Mutter, die sie sich gewünscht hatte – ganz anders als ihre Pflegemutter Elisabeth und ihre Schwiegermutter. Olga war eine warmherzige, großzügige, lebensfrohe und erotische Frau. Sie stellte die Liebe über die Moral, ihre Empfindungen über die Prinzipien und war bereit, die Konsequenzen zu tragen. Im Kontakt mit ihrer Stieftochter bemühte sie sich um Verständnis. Sie fühlte sich verantwortlich für die älteste Tochter ihres Mannes, die schon als Kind schwere Zeiten durchlebt hatte und nun als verheiratete Frau unglücklich war.

Maria schrieb ihr, wie einsam sie sich an Wilhelms Seite fühlte. Sie ging um 9 Uhr in die Schule, Wilhelm um 10 Uhr zum Dienst, daher frühstückten sie zu unterschiedlichen Zeiten. Am Nachmittag spielte er Tennis und sie ging Reiten. Um 5 Uhr trafen sie sich zu Hause. »Danach lief er nur durch die Zimmer und rauchte, während ich Aufgaben machte. Abends fuhren wir aus. Wir hatten keinerlei gemeinsame Interessen, führten keinerlei Gespräche, es gab nichts, nur Leere.« Sie waren einfach zu verschieden; Maria gab sich alle Mühe, das Beste aus ihrer Situation zu machen, aber die Rettungsversuche funktionierten nur für kurze Zeit. Glücklich schienen sie nur, wenn sie gemeinsam Feste besuchten und ausgelassen herumtollten. Maria liebte vor allem Kostümbälle, auf denen sie ihre geliebten russischen Kleider trug. Doch das alles reichte letztendlich nicht aus, um die Ehe am Leben zu erhalten.

Die Hauptschuld an der Misere suchte Maria Pawlowna lange Zeit bei sich. »Ich bin zu egoistisch«, heißt es in ihrem Tagbuch. »Von Natur aus bin ich eine zu große Egoistin. Mein unbewusstes Streben nach absoluter Freiheit ruft diese merkwürdigen und unnatürlichen Züge in meinem Charakter hervor; solche Gefühle sind unnormal für eine Frau. Überhaupt denke ich oft, dass ich nicht normal bin.«

Gemälde Zar Alexander II. als Kind

Zar Alexander II., Maria Pawlownas Großvater, 1864

Großfürstin Alexandra Georgiewna (Prinzessin Alexandra von
Griechenland und Dänemark), Marias Mutter;
Großfürst Paul Alexandrowitsch, Marias Vater

Maria mit ihrem Bruder Dmitri und ihrem Onkel
Großfürst Sergej Alexandrowitsch, 1899

Maria und Dmitri, 1901

Maria und Dmitri, 1903

Maria und Dmitri mit ihrer Tante Großfürstin Elisaweta Fjodorowna
(Elisabeth von Hessen-Darmstadt), 1907

Elisabeth von Hessen-Darmstadt, 1887

Großfürstin Elisabeth, 1897   Großfürstin Elisabeth, 1907

Großfürst Paul Alexandro-   Olga Walerianowna Pistohlkors,
witsch, 1903   Maria Pawlownas Stiefmutter, 1904

Paul Alexandrowitschs Haus in Boulogne-sur-Seine

Paul Alexandrowitsch mit seiner zweiten Familie und Freunden,
Boulogne-sur-Seine 1904

Paul Alexandrowitsch, 1911

Dmitri Pawlowitsch, 1912

Maria Pawlowna und Prinz Wilhelm von Schweden,
Stockholm 1908

Maria Pawlowna und Prinz Wilhelm von Schweden,
Stockholm 1908

Maria Pawlowna und ihr Sohn Lennart,
Stockholm 1909

Maria Pawlowna und ihr Sohn Lennart,
Kopenhagen 1921

Maria Pawlowna als Krankenschwester, 1915

Wladimir Pawlowitsch, Marias Halbbruder, 1914

Agonie.

Elle disait : "Je veux par les
Sentiers ombrageux m'en aller
Pour ne voir et n'aimer personne ....
Me sentir délivrée enfin
Et n'entendre dans le lointain
Que la vieille cloche qui sonne ....

Fuyant tes sournoises revanches
"Je veux me perdre dans les branches
Et tu ne me retiendras pas .....
Tu me quitteras à l'orée
Écoutant avec l'adorée
S'éloigner le bruit de ses pas".....

W. Hohenfelsen.
Saint-Pétersbourg
novembre 1913.

Manuskript Wladimir Pawlowitschs, 1913

Zar Nikolaus II. mit seiner Familie

Maria Pawlowna mit ihrem Bruder Dmitri in Frankreich, 1927

Irina und Natalja, Marias Halbschwestern, Paris 1923

Dmitri Pawlowitsch, 1926

Maria Pawlowna, Mitte der
1920er Jahre in Paris

Annonce des Großfürstlichen Modeateliers Kitmir, Paris 1925

Annonce des Großfürstlichen Modeateliers Kitmir, Paris 1925

Zeichnung Großfürst Fjodor Alexandrowitschs
(Cousin Maria Pawlownas), Paris 1928

Cover der schwedischen Zeitschrift Svensk Damtidning, Juli 1955

Maria Pawlowna in den 1950er Jahren auf der Mainau,
fotografiert von ihrem Sohn Lennart Bernadotte

Aquarellbild und Malutensilien von Maria Pawlowna

Kapitel 10
Liebesversuche

Beinahe ein halbes Jahr lang waren Maria Pawlowna und Prinz Wilhelm im Fernen Osten unterwegs. Anlass waren Krönungsfeierlichkeiten in Siam im Herbst 1911. Das junge Paar sollte König Gustaf V. bei der Krönung des Königs von Siam offiziell vertreten. Die weiteren Stationen der Reise waren Indochina und Indien.

Maria hatte große Hoffnungen in diese Reise gesetzt, wie man ihren Reisetagebüchern entnehmen kann. Die Aufzeichnungen beginnen am 3. November 1911 mit den Worten: »Bis zu diesem Augenblick konnte ich kaum glauben, dass unsere große Reise begonnen hat und nun durch nichts mehr verhindert werden kann.« Sie hatte sie herbeigesehnt und befand sich nun, zusammen mit Wilhelm, auf der »Kleist«, dem Schiff, das sie in die unbekannte Welt bringen sollte. Vorher waren sie eine Woche in Paris gewesen, um von ihrem Vater Abschied zu nehmen und hatten auch Dmitri getroffen. Die weitere Reise führte sie über Toulon, Nizza und San Remo nach Genua. Maria zeigte sich beeindruckt von der Landschaft: »Kahle gelbe Felsen hängen über der Straße und kurz vor Genua muss man öfters durch Tunnel fahren, in denen einem dicke Wassertropfen auf den Kopf fallen.« Als sie in Genua zum ersten Mal den »Dampfer« sah, mit dem sie am nächsten Morgen ablegen sollten, war sie entsetzt: »Er sah aus, als wäre er in der Mitte zerbrochen«, was sich jedoch als Täuschung herausstellte. Auch die Kabinen gefielen ihr nicht, denn sie zeichneten sich »durch das Fehlen jeglicher Gemütlichkeit« aus, von Luxus ganz zu schweigen. Maria dachte »mit steigendem Grauen« daran, dort mit zwanzig Schweden – die Delegation, von der sie begleitet wurden – für beinahe einen Monat zusammen zu sein. »Mit allen diesen galt es, bekannt zu werden und, vor allem, rund sechs lange Monate zusammen zu sein«, seufzte sie und meinte im Voraus, es seien viel zu viele, obwohl sie gleichzeitig »die Anziehungskraft des Unbekannten« ausübten.

Maria Pawlowna reiste mit offenen Augen durch die Welt. Ihre Schilderungen haben filmischen Charakter, zum Beispiel wenn sie die Kinder im Golf von Neapel beschreibt. Die »Kleist« lag dort einen Tag vor Anker. Doch die Passagiere, die gern Pompeji besucht hätten, durften nicht an Land, weil in Neapel Cholera-Erkrankungen aufgetreten waren: »Sobald das Schiff die Anker geworfen hatte, wurde es von allen Seiten von kleinen Bötchen umringt, in denen neapolitanische Kinder saßen, die ins Wasser nach Münzen sprangen. Sie tun es sehr geschickt und schnell. Wirft man eine Münze, so drehen sie sich um, so dass ihr stramm umspanntes Hinterteil in der Sonne glänzt, dann sieht man schmutzigen Schaum und das Kind ist verschwunden. Eine Sekunde später schießt es wie ein Korken durch die Wasseroberfläche empor und zeigt auf seiner Handfläche die Münze.«

Auch von der Natur war sie fasziniert. Als sie den Suezkanal erreichten, schwärmte sie: »Die Luft ist rein und klar und alles erscheint gestochen scharf. Die Farben haben eine unwahrscheinliche Leuchtkraft, die Schatten heben sich vom strahlenden Sand in dunkler, reiner lila Farbe ab. Das Wasser ist grünlich blau, der Himmel, obwohl nicht ganz klar, ist ebenfalls strahlend blau. Wenn Wolken vorüberziehen, dann werfen sie auf den Sand große, wandernde Flecken. Wie schön und ruhig ist es doch in der Wüste. Mir scheint, ich würde gern für immer hier bleiben.« In Aden begann sie die »östliche Atmosphäre zu spüren, jene Leuchtkraft der Farben, die man nirgendwo sonst zu spüren bekommt«. Sie staunte über all das, was sie unterwegs zu sehen bekam: »Die Knaben, die auf einer Baustelle am Meer arbeiteten, waren fast völlig nackt, ihre nassen schwarzen Leiber glänzten in der Sonne, und die Augen blickten böse unter den schmutzigen Turbanen.«

Zunächst ist Marias Tagebuch voll von Bildern aus einer märchenhaften fremden Welt. Doch irgendwann richtet sich der Fokus von der Umgebung auf die Reisenden, vor allem auf Wilhelm und sich selbst. Er schien von all dem wenig beeindruckt zu sein. Am 5. November 1911 vermerkt Maria, sie habe während des ganzen Tages keine zehn Worte mit ihrem Mann gewechselt. »Und worüber sollten wir denn auch schon sprechen? Ich stehe viel früher auf als er, wandere mit jemandem auf dem Deck und mache es mir dann auf einem Stuhl bequem, um zu arbeiten oder zu schreiben. Er steht dagegen viel später auf, stellt jeden Tag die gleiche Frage bezüglich der Nacht, raucht eine Zigarette in sehr langem Mundstück und setzt sich schweigend nieder zum Lesen. Er braucht niemanden, und niemand benötigt seinerseits den Armen. Tagsüber begegnen wir uns nicht einmal: Nach dem Frühstück trinken wir Kaffee auf unserem Oberdeck, danach verschwindet er, während ich mich hinsetze und arbeite.«

Doch auf einem Kostümball kam es zum Streit mit Wilhelm. Maria hatte sich das Gesicht geschwärzt und als »Neger« verkleidet. Das löste bei ihrem Mann einen derartigen Wutanfall aus, dass sie glaubte, sie habe etwas Furchtbares getan. Doch die anderen Gäste – »unsere gestrengen Schweden« beruhigten sie: Niemand habe ihr Verhalten als unpassend empfunden. Für Maria blieb Wilhelms Überreaktion ein Rätsel: »Er kann manchmal so merkwürdig sein.«

Als Paar kamen sich die beiden einfach nicht näher. Maria war ratlos und gleichzeitig gekränkt. Sie suchte wiederholt das Gespräch mit ihrem Mann, doch er wich aus. Er zeigte sich träge und unbeholfen, so dass sie allmählich ihre letzten liebevollen Gefühle für ihn verlor. In ihrem Reisetagebuch heißt es: »Wilhelms vollkommene Gleichgültigkeit irritiert mich unglaublich. Alles ist bei ihm so langweilig, so alltäglich. Während der ganzen Reise ist er immer tiefer gesunken. Er interessiert sich nur für das, was er im Augenblick sieht. Er lebt einfach in den Tag hinein, denkt nicht, diskutiert nicht, regt sich nie auf. Er ist sehr mit sich zufrieden und deswegen auch Gott sei Dank glücklich. Ich fühlte, wie mein Mut und meine Entschlossenheit, das Zusammenleben mit diesem Mann fortzusetzen, mich verließen. Eine grauenhafte Vorstellung – jahraus, jahrein mit diesem jungen Greis – und noch dazu von dieser idiotischen Familie umgeben!«

Sie war rundherum unzufrieden mit ihm und bemängelte, dass er seine Repräsentationsaufgaben nicht erfüllte. Schließlich waren sie als offizielle Vertreter Schwedens nach Siam gekommen. Auf ihrer anschließenden Reise durch Indochina standen weitere öffentliche Auftritte auf dem Programm. Für Maria Pawlowna war es selbstverständlich, sich während des Besuchsprogramms, das sie absolvierten, in vollem Ornat mit allen Orden zu zeigen. Während sie Gefängnisse, Kasernen, Schulen und Krankenhäuser besuchte, entzog sich Wilhelm meistens diesen Pflichten und ging auf die Jagd. »Die Reise hat gezeigt, dass er absolut nichts taugt«, lautete ihr vernichtendes Urteil. »Ich weiß nicht, was er seinem Vater antworten wird, wenn dieser ihn fragt, ob er etwas für sein Land getan habe, wie es ihm der König aufgetragen hatte.« Deutlich zeigte sich seine Unfähigkeit für sie bei den Banketten und Tischgesellschaften. Für Maria Pawlowna war es keine Frage, dass sie für gute Stimmung und interessante Konversation sorgen musste, selbst wenn sie müde und erschöpft war. So war sie erzogen worden. Sie hatte keine Nachsicht mit ihrem Ehemann, der sich vor seinen Verpflichtungen drückte, wo er nur konnte.

Sie selbst betrieb unterwegs ihre Studien, charakterisierte die Menschen, die ihr begegneten, und schulte ihre Beobachtungsgabe. Dabei entwickelte sie Beurteilungskriterien, unter denen die Eigenschaften *intelligent* und *interessant* die Spitzenplätze einnahmen. Sie galten nicht nur für die anderen, sondern auch für sie selbst. Es war ihr erklärtes Ziel, sich weiterzubilden, neue Erfahrungen zu machen. Dass ihr Status ihr dabei zum Vorteil gereichte, war ihr bewusst. »Ich denke oft daran, was für ein Glück und für ein Vergnügen es ist, Prinzessin zu sein. Ich treffe interessante Leute, und obwohl diese klug sind und meistens schon älter, immer bemühen sie sich, mit mir zu sprechen, obwohl ich ihnen naiv und ziemlich kindisch erscheinen muss.« Daher war es ihr doppelt unverständlich, dass Wilhelm so wenig aus seiner exponierten Position machte. Er schien überhaupt kein Interesse für seine Umwelt und seine Mitmenschen zu haben und – zu diesem Schluss musste Maria zwangsläufig kommen – auch nicht für sie.

Der König von Siam hatte ein Auge auf sie geworfen. Es kam zu intensiven Gesprächen, in denen ihm Maria ihr Leid über ihre unglückliche Ehe klagte. »Wir hatten uns eine Menge zu sagen, und der König war mit mir so offen, dass ich meinen Ohren nicht traute. Es war das erste einer Reihe solcher Gespräche, in deren Verlauf der König mir allmählich sein armes einsames Herz offenbarte. Es ist sein Traum, eine europäische Prinzessin zu heiraten, er hat furchtbar Angst, man werde ihn mit einer Siamesin verheiraten, und darum traut er sich nicht einmal, mit Frauen zu sprechen. Zum Schluss waren wir uns darin einig, dass ihm eine Prinzessin wie ich passen würde, der Siam und sein Volk gefallen und die nicht unter dem hiesigen Klima leiden würde.«

Der König gestand ihr daraufhin seine Liebe. Sie war verlegen und verwirrt, doch gleichzeitig war sie gerührt und ließ ihrer Phantasie freien Lauf. Sie malte sich ein Leben mit ihm aus, hoffte, dabei glücklich zu werden, ließ sich von seinen Gefühlen anstecken und erwartete seinen Heiratsantrag. »Zu meinem Entsetzen verneigte sich der König plötzlich und küsste meine auf einem Kissen liegende Hand. Ich erschauderte, und wir schwiegen beide weiter, während er zunächst meine Hand küsste und mich dann an sich zog und meinen Hals küsste. Dann folgte unvermittelt eine leidenschaftliche und offene Erklärung, die mich wie ein Schlag traf. Mein Gott, was hatte ich angerichtet! Aber es war jetzt zu spät. So blieben wir lange sitzen, mein König seufzte aus übervollem Herzen, und ich selbst fühlte mich ganz und gar angenehm, ich bildete mir sogar ein, ich sei verliebt. Ein Siamese und eine Russin – was für ein Paar! Ich geriet so in Rührung, dass ich bereit war, ihm zu versprechen, ich werde mich scheiden lassen und ihn heiraten. Doch ich kenne mich, ich weiß, dass ein solcher Gedanke sich in meinem Kopf nicht lange halten kann, da ich niemals verliebt bin. Ich begeistere mich lediglich, und zwar nicht für sehr lange, kann aber in dieser Zeit eine Unmenge Unsinn anrichten, den ich danach bedaure.« Wie weit sie ihm und seinem überschwänglichen Werben nachgab, wird aus ihren Tagebuchaufzeichnungen nicht deutlich. Schon bald jedoch folgte die Reue: Maria gestand sich selbst ein, dass sie sich dumm und unüberlegt verhalten hatte. Ein wenig Angst schwingt mit, wenn sie schreibt: »Ich kann dankbar sein, wenn ich aus dieser Angelegenheit heil herauskomme.« Die Affäre scheint im Sande verlaufen zu sein.

Im Nachhinein war sie wütend auf ihren Mann, den ihr Verhalten vollkommen gleichgültig ließ. »Es wäre seine Aufgabe gewesen, meine enge Freundschaft mit dem König zu stoppen, aber nein, er scheint mit meinem Erfolg sogar zufrieden zu sein. Ein solches Verhalten kränkt mich, und ich schäme mich dessen. Er meint, so viel höher als alle diejenigen zu stehen, denen ich begegne und die mir den Hof machen, dass es sich gar nicht lohne, an Eifersucht zu denken. Sein Selbstbewusstsein ist grenzenlos.«

Eines Abends hielt sie es nicht länger aus und sagte ihm alles, was sie bedrückte. Zunächst wich er aus, wollte die Aussprache auf die Zeit nach der Reise verschieben, doch sie ließ nicht locker und erzählte ihm schließlich, was sich zwischen ihr und dem König von Siam ereignet hatte. Nun gab Wilhelm seine gleichgültige Haltung auf und beschimpfte sie. Er habe ihr alle Freiheiten gelassen, weil er an ihre Liebe geglaubt habe. »Jetzt sehe ich aber, dass du eine gefühllose, herzlose undankbare Frau bist.« Er warf ihr vor, sie habe einen entsetzlichen Charakter und auch ihren kleinen Sohn schlecht behandelt. Das wies sie entschieden zurück. Schließlich fragte er, ob sie sich scheiden lassen wolle und schien – zu ihrer Überraschung – diese Möglichkeit sehr gelassen zu nehmen. »Glaubst du, ich hätte nie verglichen, nie gefunden, dass viele Frauen viel hübscher sind als du und viel liebenswerter?« Er beendete das Gespräch mit der Feststellung: »Ich kann mich nicht ändern, aber wenn du dich änderst, dann wird man wieder leben können.« Am nächsten Tag tat er, als sei nichts geschehen, spielte Bridge und Billard, trank und scherzte mit den anderen Männern.

Rückblickend erkannte Maria, dass es ihre Unerfahrenheit, Unwissenheit und Naivität waren, die sie Wilhelms Verhalten so lange ertragen lassen hatten: »Die Kluft zwischen ihm und mir hat schon immer bestanden, aber als ich heiratete, war ich bereit, ihm in allem zu folgen, weil ich dachte, dass die Männer in erster Linie Unterstützung brauchen und dass die Frau sich in allem dem Willen ihres Mannes zu fügen hat. Aber dann kam endlich die Zeit, da ich bemerkte, dass ich tief gesunken war und viel von meiner Individualität verloren hatte. Wenn ich so weitergemacht hätte, wie ich angefangen hatte, so wären aus uns die gewöhnlichen Schablonenmenschen geworden, die mit dem glücklich sind, was sie besitzen und die nie diskutieren.«

Noch irritierender als ihre Begegnung mit dem König

von Siam war die mit Herzog Ferdinand von Montpensier. Dieser war unterwegs zur schwedischen Delegation gestoßen. Er war eine schillernde Persönlichkeit, galt innerhalb des europäischen Adels als Abenteurer und fragwürdige Existenz. Man munkelte über seine Opiumsucht und vermutete, er suche an den europäischen Königshöfen nach einer Braut, um selbst einmal Throninhaber zu werden. Anders als beim König von Siam, auf dessen Avancen Maria Pawlowna reagierte, war sie nun diejenige, die den aktiven Part übernahm. Sie verliebte sich in Montpensier und führte eine Zeitlang detailliert Protokoll über ihren Zustand: »Eine furchtbare Unruhe und Aufregung bemächtigt sich meiner jedes Mal, wenn der Herzog kommen soll, ich weiß nicht warum, nie habe ich früher so etwas empfunden. Als er eintraf, konnte ich nicht ruhig sitzen bleiben. Bald saß ich mit ihm bei meinem Mann, bald sprang ich auf, lief weg und setzte mich zu anderen auf die Terrasse, bald kehrte ich wieder zurück, setzte mich auf die Holzwand des Bettes, schaukelte mit den Beinen und war ganz verlegen. Er hält mich für eine dumme Gans, denke ich die ganze Zeit und zwinge mich zu einer Unterhaltung. Niemals im Leben war ich von einem so hemmungslosen und wilden Glück erfüllt gewesen; ich wollte die ganze Welt umarmen, lachen und weinen.«

Montpensier, *interessant* und *intelligent*, hatte viele Ideen und Visionen, die er umsetzen wollte. Maria Pawlowna bewunderte ihn dafür. Er war genau das Gegenteil ihres Ehemannes, der überhaupt keine Pläne zu haben schien und dessen Selbstzufriedenheit und Energielosigkeit sie nervös machten. Montpensier hingegen war ihr und ihrer Lebensphilosophie sehr ähnlich. Ob er auch so empfand und ihr einen Heiratsantrag machen würde? Schließlich gestand sie ihm, dass sie nicht nach Schweden zurückkehren, sondern ihren Mann verlassen und die Scheidung einreichen werde. Vielleicht wollte sie ihn damit ermutigen, sich ihr zu erklären, doch seine Reaktion fiel für sie völlig unerwartet aus: Er war entsetzt, nannte ihren Plan wahnsinnig. Während er sich immer mehr empörte, erklärte sie ihm ruhig ihre Situation. Es sei keine Kurzschlusshandlung, sondern ein gut überlegter Entschluss. Den Skandal würde sie in Kauf nehmen. Nachdem er Einzelheiten erfahren hatte, änderte sich seine Haltung. Er war sehr nachdenklich geworden, dankte ihr für ihr Vertrauen und nannte sie »arme kleine Prinzessin«. Doch riet er ihr dringend ab, ihre Pläne in die Tat umzusetzen. Die Konsequenzen seien uneinschätzbar. Auf seine Ermahnung »Bedenken Sie doch, was der Zar sagen wird, was Europa sagen wird!« erwiderte sie: »Sie haben recht, natürlich wird es einen Skandal in ganz Europa geben, aber der wird in einem Jahr vergessen sein. Muss ich für alle Zeiten die Hoffnung aufgeben, mein Leben zu leben, und mit einem Menschen, der mich verstehen wird und den ich verstehen werde?«

Maria Pawlowna war in mehrfacher Hinsicht enttäuscht. Sie hatte sich einen Heiratsantrag erträumt, zumindest Unterstützung erwartet, stattdessen argumentierte Montpensier so, wie es seinerzeit ihre Tante getan haben würde. Hatte sie sich so sehr in ihm getäuscht? War er einfach nur ein Karrierist, dem nichts ferner lag als sich mit einer geschiedenen schwedischen Prinzessin und Kaiserlichen Hoheit aus Russland, die das schwedische Königshaus zu brüskieren drohte, einzulassen? Er verhielt sich ambivalent, so dass Maria nicht aufhörte, auf seinen Antrag zu warten, nachdem er die Reisegruppe verlassen hatte. Beim Abschied hatte er ihr vorgeschlagen, sich in Europa zu treffen, das gab ihr Hoffnung.

Gleichzeitig machte es eine Klärung mit Wilhelm notwendig. Sie fühlte sich jetzt zwischen Pflicht und Neigung hin und her gerissen. Doch sie wollte nichts unversucht lassen, um ihre Ehe zu retten, und führte erneut ein klärendes Gespräch mit ihrem Mann herbei. Er hörte sich ihre Vorwürfe an, gelobte Besserung, ohne wirkliche Einsicht zu zeigen, und Maria erkannte, dass sie ihn niemals lieben würde. Einerseits akzeptierte sie es als ihre Pflicht, im Namen ihres Mannes, des Kindes, der königlichen Familie und Schwedens auf ihr persönliches Glück zu verzichten. »Aber andererseits; werde ich ein Leben, eine Jugend ohne Liebe, ohne Freude aushalten können?« Und was, wenn sie den Mann kennenlernte, der sie liebte und den sie liebte? Bei dieser Frage dachte sie vermutlich an Montpensier. »Werde ich, wenn die Zeit kommt, dem Mann, den ich liebe, nein sagen können, falls er sich entschließt, mir anzutragen, sein Leben zu teilen?«

Maria hatte nicht sehr lange Geduld mit Wilhelm. Wie sich bald herausstellte, war seine Bereitschaft zur Veränderung ein reines Lippenbekenntnis. Ihrem Reisetagebuch vertraut sie ihre Enttäuschung an: »Ich hatte angenommen, er würde sich bemühen, mit mir zu reden, würde sich für die Dinge in mir interessieren, die für ihn so unerwartet, so unangenehm neu waren. Aber nein – er redet weiterhin dasselbe, liest weiterhin denselben Quatsch.« Damit verflüchtigten sich ihre heroischen Gedanken zur Selbstaufopferung und machten der Sehnsucht nach Montpensier Platz. Doch auch dieser Mann erfüllte ihre Erwartungen nicht. Als sie ihn auf der Rückreise in Nizza traf, wurde ihr endgültig klar, dass er niemals vorgehabt hatte, sie zu heiraten. Sie war für ihn nur Mittel zum Zweck: Er wollte über sie Kontakte zum schwedischen Königshof knüpfen. Kurzzeitig scheint sie resigniert zu haben: »Jetzt war alles eingestürzt«, heißt es in ihrem Tagebuch. »Jedes seiner Worte war wie ein Peitschenhieb auf meine Seele.« Doch selbst in dieser schlimmen Situation bewahrte sie die Contenance: »Alle Hoffnungen, alle rosaroten Pläne zerstoben, doch ich behielt die Beherrschung.«

Kapitel 11
Abenteuerliche Flucht vor einem Guru

Nach der zweifachen Enttäuschung, die sie auf der Fernostreise erlebt hatte, war Maria Pawlowna zunächst deutlich verzagter. Der Mut, den ungeliebten Mann und die unerträglichen Verhältnisse zu verlassen, war zusammengeschrumpft. Vorerst fügte sie sich in ihre Lebenssituation und klagte sich gleichzeitig dafür an. Nun führte sie die kritische Auseinandersetzung mit sich selbst nicht mehr in ihrem Tagebuch, sondern in ihren Briefen an Olga Walerianowna. Während sich Paul Alexandrowitsch eher zurückhielt, unterstützte Olga aktiv die Trennungsabsichten ihrer Stieftochter. Sie hatte sogar schon einen passenden zweiten Ehemann für Maria ausgesucht: Sergej Romanowski, Fürst von Leuchtenberg. Er machte ihr einen Heiratsantrag, doch Maria zögerte. Sie hatte den Eindruck, wieder manipuliert und in eine Ehe gedrängt zu werden. Diesmal von Olga Walerianowna, der sie vertraute, die jedoch nun zu weit gegangen war. Maria mochte Sergej, doch von Liebe konnte keine Rede sein. Er erinnerte sie in seiner Weichheit und Temperamentlosigkeit zu sehr an Wilhelm.

In ihren Briefen an die Stiefmutter ist häufiger von einem Nervenleiden zu lesen, das ihr stark zu schaffen machte. Auch im Reisetagebuch waren Verstimmungen dieser Art bereits erwähnt worden. Sie wusste selbst nicht, was mit ihr los war, fühlte sich manchmal krank und antriebslos, obwohl das Wetter schön war. Meistens half ihr das Zeichnen über diese Phasen hinweg. Schlimm wurde es, als sie feststellte, sie bleibe »weiterhin in einem so angespannten Nervenzustand, dass mir meine Lieblingsbeschäftigung so gar nicht helfen kann«.

Anfang des 20. Jahrhunderts war das Phänomen Nervenkrankheit in aller Munde – auch am schwedischen Königshof. Zu seinem Hofstaat gehörte ein Nervenarzt, der sich speziell um die Gesundheit von Königin Victoria kümmerte. Axel Munthe stand seit 1903 in den Diensten der Herrscherfamilie und wurde 1908 Leibarzt der Königin. Maria Pawlowna lernte ihn 1912 kennen. Als sie im Herbst zusammen mit ihrem kleinen Sohn bei ihrem Vater und ihrer Stiefmutter in Paris war, wurde sie nach Capri »kommandiert«, wo sich ihre kranke Schwiegermutter aufhielt. Maria war dazu ausersehen, Königin Victoria über Weihnachten Gesellschaft zu leisten. Dort traf sie Axel Munthe. Sie hatte zu diesem Zeitpunkt die widersprüchlichsten Dinge über ihn gehört: Manche schwärmten für ihn, andere lehnten ihn ab, wieder andere fürchteten ihn sogar. Bereits nach ihren ersten Begegnungen war sie sich sicher, dass er über hypnotische Fähigkeiten verfügte. »Er war ein sehr kluger Mann und hatte tiefes Verständnis für die menschliche Natur. Wie er hatte bisher noch niemand zu mir gesprochen«, berichtet Maria Pawlowna in ihren Memoiren. »Geschickt und freundlich befragte mich Dr. M. über mein Leben. Ich vertraute mich ihm vollständig an.« Es gelang ihm für kurze Zeit, Einfluss auf sie zu nehmen. Seine Methode, den Patientinnen – es waren in erster Linie Frauen, die ihn konsultierten – das Gefühl zu geben, er höre ihnen zu und habe Verständnis für sie, funktionierte zunächst auch bei ihr. Sie fühlte sich durch sein vermeintliches Interesse an ihr und ihren Gedanken geschmeichelt und sprach mit ihm über alle Sorgen, die sie bedrückten und über die sie mit sonst niemandem reden konnte. Viel zu spät erkannte sie, dass er sie von sich abhängig machen wollte.

In ihren *Erinnerungen* ist sie nicht nur auf den damals Fünfzigjährigen böse, von dem sie sich getäuscht und missbraucht fühlte, sondern vor allem auf sich selbst. Wie schon im Fall des Königs von Siam und des Weltenbummlers Montpensier war ihre Phantasie mit ihr durchgegangen. Alles, was sie schmerzlich vermisste – Verständnis, Zuwendung, Interesse, intellektuellen Austausch – hatte sie auf den jeweiligen Mann projiziert. Sie konnte sich im Nachhinein nicht verzeihen, dass sie Munthe einmal geschrieben hatte, er sei der einzige Freund dieses »müden, traurigen, einsamen Dings«, das sie geworden war. Und er sei der einzige Mensch, den sie dringend sehen wollte und nach dem sie Sehnsucht hatte. Es war dem Guru gelungen, Macht über sie zu gewinnen.

Bei ihrem nächsten Aufenthalt in Capri setzte er seine Strategie fort: Er suggerierte ihr, sie sei ernstlich krank, vertrage das Stockholmer Klima nicht und müsse daher bei ihm auf der Insel überwintern – natürlich unter seiner Aufsicht. Dann sei er »auf grobe Weise zudringlich« geworden. Das habe sie endgültig bewogen, all ihre Kräfte darauf zu konzentrieren, aus ihrer misslichen Lage zu fliehen. Zurück in Stockholm, bat sie sogar ihre Tante Ella um Hilfe. Dem königlichen Leibarzt gelang es allerdings, ihr Umfeld davon zu überzeugen, dass sie schwer nierenkrank, therapiebedürftig und bei ihm in guten Händen sei. Im nächsten Jahr reiste Maria mit Lennart zum 300-jährigen Thronjubiläum der

Romanows nach Moskau. Zurück in Schweden erfuhr sie, dass ihr nächster Winteraufenthalt in Capri schon geplant sei. Jetzt galt es, sich zu retten! Sie handelte sofort und benutzte eine offizielle Reise nach Leipzig und Berlin, um sich von dort aus nach Paris abzusetzen. Ihr Vater und ihre Stiefmutter nahmen sie auf, eine medizinische Untersuchung ergab, dass mit ihren Nieren alles in Ordnung war. Sie kehrte nicht mehr nach Schweden zurück, reichte die Scheidung ein und hatte das Gefühl, einer drohenden Gefahr für Leib und Seele entronnen zu sein.

Vieles, was seine prominenten Patientinnen ihm anvertrauten, gab Axel Munthe in seinen Erinnerungen *Das Buch von San Michele* wieder, das zum Bestseller wurde. Autobiografisches und Phantastisches sind hier bunt gemischt. Das Fin de Siècle scheint als Kulisse für abenteuerliche Existenzen dieser Art prädestiniert zu sein: Vermeintlich oder tatsächlich Erleuchtete, die sich an exponierten Orten ansiedelten und ihre Lehren mit Wort und/oder Tat verbreiteten. So wurde Ascona am Lago Maggiore zum Schauplatz sozialer und psychologischer Experimente – zu einer Art Versuchslabor für alternative Lebensformen, in denen Naturverbundenheit und Spiritualität eine zentrale Rolle spielten. Die Sternstunde der Heiler und Gurus war angebrochen.

Das Bedürfnis nach Wundern, die Bereitschaft, an Übersinnliches zu glauben, war ungeheuer groß. Axel Munthe, der Leibarzt am schwedischen Königshof und Arzt von San Michele, hatte sein Pendant in Grigorij Rasputin, dem Wunderheiler am russischen Zarenhof. So unterschiedlich die beiden Figuren auf den ersten Blick scheinen – hier der gewandte Modearzt der aristokratischen High Society, dort der einsiedlerische schroffe Bauer –, so füllten doch beide eine Leerstelle, die in Zeiten der sozialen Unsicherheit und Orientierungslosigkeit gefährlich weit aufklaffte. Sie boten die so dringend ersehnte Sicherheit kraft ihrer dämonischen Ausstrahlung, ihres unwiderstehlichen Charismas und ihres unbedingten Glaubens an sich selbst. Munthe beanspruchte wie Rasputin absolute Autorität und legitimierte diese durch die Wirkung seines Handelns.

In seinem *Buch von San Michele* beschreibt Axel Munthe mit einer Mischung aus Ernst und Süffisanz, wie er selbst eine Krankheit erfand, als er nicht mehr wusste, mit welcher Begründung er seine Therapien fortsetzen sollte. Er diagnostizierte »Colitis«. Diese »Erfindung« avancierte zu seinem größten Erfolg, denn »es war ein nettes Leiden, sicher vor dem Messer des Chirurgen, immer zur Hand im Bedarfsfalle und jedem Geschmack anzupassen«. Diese Aussage zeugt nicht nur von Zynismus und Hybris, sondern offenbart Munthes Methode, nicht vom Patienten und seinem Leiden auszugehen, sondern nahezu ausschließlich vom Heiler und seiner Macht, also von sich selbst. Dabei berief er sich auf die Vorgehensweise der katholischen Kirche und erklärte seinem Freund und Kollegen, dem Arzt Dr. Norström: »Du versuchst immer deinen Patienten zu erklären, was du dir nicht einmal selber erklären kannst. Du vergisst, dass alles eine Frage des Glaubens und nicht des Wissens ist. Die katholische Kirche erklärt nie etwas und bleibt die gewaltigste Macht der Welt.« Im Gegensatz dazu versuche die protestantische Kirche, »alles zu erklären, und zerfällt in Trümmer. Je weniger deine Patienten von der Wahrheit wissen, umso besser für sie«.

Nachdem Munthe 1893 zum Leibarzt der damaligen schwedischen Kronprinzessin und späteren Königin Victoria ernannt wurde, reiste er in der Folge zwischen Schweden, den anderen Stationen seines Wirkens und Capri hin und her. Bei einem Treffen des schwedischen Königspaars mit dem russischen Zarenpaar im Sommer 1912 in den finnischen Schären war er anwesend. Zarin Alexandra vertraute ihm sofort, klagte über die Bluterkrankheit ihres Sohnes, und der Zar verlieh ihm sogar einen Orden. Dann rief ihn die Zarin heimlich zu sich, wies ihn darauf hin, dass es der schwedischen Königin längst bessergehe und er daher ohne weiteres in ihre Dienste wechseln könne. Doch die unbekannte und undurchsichtige Atmosphäre des Zarenhofes mit ihrem Flair aus Okkultismus und Gefahr ließ ihn zögern. Außerdem befand sich dort schon einer, der das Feld sicher nicht freiwillig räumen geschweige denn mit ihm teilen würde: Rasputin. Die beiden legendären Heiler, die sich nie kennenlernten, verdankten ihre Reputation und Berühmtheit vor allem den Frauen. Beide Männer beherrschten die Mischung aus Schmeichelei, Zuwendung, Verführung und Machtausübung.

Für Maria Pawlowna war die Begegnung mit Axel Munthe zur Konfrontation geworden, bei der sie wieder zu sich selbst fand. Es war für sie überlebensnotwendig, sich aus den Verstrickungen zu lösen, die dazu geführt hatten, dass sie ihre Lebensmaximen in den Hintergrund treten ließ oder sogar verriet. Sie hatte erkannt, dass sie bereits viel von ihrer Individualität und ihrer Energie verloren hatte und noch mehr zu verlieren drohte, wenn sie nicht handelte, um »so lange es noch nicht zu spät war, wieder aufzusteigen«. Sowohl in ihrem Tagebuch als auch in ihrer Autobiografie nennt sie den Drang nach ständiger Weiterentwicklung ihrer Persönlichkeit als oberste Priorität. Stillstand und Unterordnung waren ihr verhasst. In allen Selbstzeugnissen taucht diese Maxime immer wieder auf. Dabei räumt sie Irrwege ein. Es gäbe eben verschiedene Wege zu sich selbst, und manche wirkten sicher eigenartig. Doch für sie selbst gebe es nur die Zielrichtung: Vorwärts, um eine »freie und denkende Frau« zu werden.

Endlich war sie wieder bei sich selbst angelangt: neugierig auf die Welt und auf der Suche nach ihrem eigenen Platz. Der lebenslange Wunsch nach Freiheit und Selbstentfaltung rührte aus der isolierten Situation in ihrer Kindheit. Eingeschlossen in den Kremlmauern, hatte sie stets das Gefühl gehabt, etwas Wesentliches zu versäumen. Sie wollte die Welt draußen kennenlernen und sich selbst. Etwas aus sich machen. Darin unterschied sie sich wenig von ihren aufbegehrenden Zeitgenossinnen im Fin de Siècle. Es war die Zeit, in der das Tagebuch der Marie Bashkirtseff Hochkonjunktur hatte. Die Entwicklung des Selbst galt als Wert. Damit verbunden war die Loslösung von der Familie – in der Romanow-Dynastie ein unverzeihliches Vergehen, das schwer geahndet wurde, wie Maria am Beispiel ihres Vaters erlebt hatte. Doch der Konflikt zwischen Individualität und Familieninteressen belastete sie innerlich nicht allzu stark, denn sie hatte nie wirklich erfahren, was Familie bedeutet. Ja, Maria war eine russische Großfürstin, dessen war sie sich bewusst und bereit, diese Rolle zu erfüllen. Sie wollte ihrer Familie keine Schande machen und genoss die Vorzüge ihrer hochherrschaftlichen Geburt, doch wenn es darum ging, sich zwischen ihren eigenen Interessen und denen der Familie zu entscheiden, musste sie jetzt nicht mehr überlegen, wie sie diesen Widerspruch löste: Sie stand für sich an erster Stelle. »Ich befreite mich aus dem geistigen Nebel, in dem ich so lange gelebt hatte. Mein Urteil wurde wieder unabhängig, und gleichzeitig besserte sich mein körperlicher Zustand. Endlich wusste ich, was ich zu tun hatte: Ich musste fort.«

Mit Hilfe einer List verließ Maria Pawlowna Schweden. Sie fuhr im Oktober 1913 zusammen mit Prinz Wilhelm zunächst nach Berlin, um mit ihm in Leipzig Schweden bei der Einweihung des Völkerschlachtdenkmals zu vertreten. In Berlin tauchte plötzlich unerwartet ihr Bruder Dmitri auf. Erst in diesem Augenblick kündigte sie ihrem Mann an, sie werde nach Paris gehen und nie wieder nach Schweden zurückkehren. Sie hatte alles von langer Hand genau geplant und niemanden in ihr Vorhaben eingeweiht. Dem völlig überrumpelten Wilhelm versicherte sie, weder er noch seine Familie trage die Schuld, sie sei einfach sehr sehr unglücklich in Schweden, sowohl innerhalb der königlichen Familie als auch im Land selbst. Weil sie keinen anderen Ausweg sehe, habe sie sich zu diesem Schritt entschlossen.

Marias Schwiegervater teilte dem Zar mit, was geschehen war. Er hatte keine Hoffnung, dass Maria ihre Meinung ändern und wieder mit ihrem Mann zusammenkommen würde. Jetzt ging es um das Wohl der Familien Romanow und Bernadotte. Ein Skandal musste, wenn irgend möglich, vermieden werden. Nicht nur der schwedische König, auch Paul Alexandrowitsch wandte sich an den Zar und berichtete von hilfesuchenden Briefen seiner Tochter, die ihn veranlasst hatten, Dmitri nach Berlin zu schicken, um sie abzuholen. Es sei seine Pflicht als Vater gewesen, so zu handeln. Das tatsächliche Ereignis, das augenscheinlich mit Axel Munthe zusammenhing, wurde jedoch nirgendwo benannt. Doch detailliert schilderte Paul Alexandrowitsch den Zustand, in dem seine Tochter in Paris eintraf. »Weiß wie ein Laken« sei sie gewesen, habe gehustet, nicht schlafen und nichts essen können. Es sei für sie und auch für ihn als ihren Vater undenkbar, dass sie jemals nach Schweden zurückkehren könne.

Natürlich war ein Skandal unausweichlich. Der internationalen Presse waren die Trennungsgerüchte zu Ohren gekommen, die das schwedische Herrscherhaus sofort dementierte. Erst als die Presse Maria Pawlownas Flucht nach Paris mit einem Spionageprozess in Stockholm in Verbindung brachte, in den der russische Militärattaché involviert war, kam man um eine offizielle Stellungnahme nicht mehr herum. Am 16. November 1913 hieß es in einer Verlautbarung des schwedischen Königshauses: »Prinzessin Maria von Schweden, Herzogin von Södermanland, geborene Großfürstin von Russland, die sich seit ihrer Mitte Oktober erfolgten Abreise von Stockholm bei ihrem Vater in Paris aufhält, hat ihre Absicht kundgegeben, nicht nach Schweden zurückzukehren und ihre eheliche Gemeinschaft nicht wieder aufzunehmen. Alle Schritte, die unternommen worden sind, damit die Prinzessin ihren Entschluss aufgebe, sind bisher vergeblich gewesen.«

König Gustaf V. und Zar Nikolaus II. ernannten unverzüglich Bevollmächtigte, um die Scheidung zu regeln. Maria Pawlowna musste eine hohe Abfindung an ihren Ehemann zahlen. Am 14. März 1914 verkündete der schwedische König offiziell die Scheidung in einer Resolution, in der auch erwähnt wurde, dass die Initiative zu diesem Schritt von Maria Pawlowna ausgegangen war. Voraussetzung war für König Gustaf die Zustimmung des Zaren. Öffentlich äußerte sich Nikolaus II. erst im Juni 1914. Verbunden mit der Bestätigung der Scheidung war »die Erlaubnis für die Großfürstin Maria Pawlowna, gemäß den dafür festgelegten russischen Gesetzen eine neue Ehe einzugehen«. Maria Pawlowna war wieder als Mitglied der Zarenfamilie aufgenommen worden.

Am stärksten unter der Scheidung litt Maria Pawlownas vierjähriger Sohn, der nicht nur seine Mutter verloren hatte. Sein gesamtes Leben veränderte sich. Sein Vater war häufig abwesend, denn der Erste Weltkrieg hatte begonnen, und er fuhr als Kommandant einer Torpedobootsabteilung und als Beobachter der Einhaltung der Neutralität zur See. Da der Unterhalt Oakhills zu teuer war, wurde die Villa aufgegeben und Lennart ins Stadtschloss Drottningholm gebracht. Nur seine Kinderfrau Nenne war ihm geblieben. Mit seinem letzten Tag in Oakhill verband Lennart das Läuten der Glocken aller schwedischen Kirchen und Nennes Kommentar: »Mobilisierung!«

Die Verantwortung für Lennarts Erziehung übernahm seine Großmutter, Königin Victoria. Sie vertrat die Auffassung eines Königtums von Gottes Gnaden, legte großen Wert auf Äußerlichkeiten und stellte sich, im Gegensatz zu ihrem Mann, Liberalisierungs- und Modernisierungsbestrebungen jeglicher Art vehement entgegen. Das hatte auch Konsequenzen für ihren Umgang mit ihrem Enkel. »Manchmal habe ich einen faden Geschmack im Munde, wenn ich an all die gut gemeinten Rücksichtslosigkeiten denke, denen ich während meiner Kinderjahre und meiner Jugend ausgesetzt war. Ich fürchte, die fürsorgliche Erziehung galt nicht allein mir, sondern sie sollte auch eine Prunkfassade für meine liebe Großmutter aufbauen helfen«, heißt es in Lennart Bernadottes Memoiren. Ihr Ziel bestand darin, einen »tüchtigen, pflichttreuen, gut erzogenen und wahrhaft christlichen Prinzen« aus ihrem Enkel zu machen. Im Nachhinein entwickelte Lennart Verständnis dafür und gelangte zu einer differenzierteren Einstellung: Er schätzte die Absichten seiner »Amama«, wie er sie nannte, und ihr ausgeprägtes Verantwortungsgefühl. Was er jedoch nach wie vor kritisierte, war ihre Rechthaberei und ihre Selbstherrlichkeit. Sie glaubte sich allein im Besitz der Wahrheit und verlangte von allen anderen, das zu akzeptieren. Gehorsam war oberstes Gebot. »Die Geschlechter der Hochgeborenen umgaben sich mit so vielen kuriosen Vorschriften wie nur möglich«, berichtet Lennart Bernadotte. »Mit allen Kräften war man darum bemüht, sich nur ja von der breiten Masse zu unterscheiden.«

Lange Zeit konnte er seiner Mutter nicht verzeihen, dass sie ihn verlassen hatte. Erst ein Treffen mit ihr in Argentinien 1947, als er dort einen Film über schwedische Auswanderer in Misiones drehte, führte dazu, dass er ihre Beweggründe nachvollziehen konnte. Er erfuhr von ihr, wie leidvoll ihre eigene Kindheit gewesen war. Sie ließ ihn teilhaben an den frühen Verlusten, die folgenschwer für sie gewesen waren: Nach dem Tod der Mutter verlor sie den Vater an eine andere Familie. Dann fiel ihr Pflegevater Onkel Sergej einem Attentat zum Opfer. Zwar erhielten Dmitri und sie eine gute Ausbildung, sie erfuhren jedoch nichts von der Welt außerhalb der Mauern, die sie umgaben. »Die Angehörigen regierender Familien sind eben besondere Menschen – Menschen, die jahrhundertelang in Paläste eingeschlossen wurden, in denen man sie schützte, beschränkte und dazu zwang, inmitten althergebrachter Illusionen zu leben«, diagnostizierte sie in ihren Memoiren. Sie war noch eine unerfahrene junge Frau, als sie in das schwedische Königshaus einheiratete, und niemand stand ihr zur Seite, als sie Ehefrau und Mutter wurde. Im Nachhinein verstand der Sohn das Verhalten seiner Mutter, so dass er zunehmend freundschaftliche Gefühle für sie entwickelte. Er lernte ihre Ehrlichkeit schätzen. Doch die Wunde, die sie ihm geschlagen hatte, als er noch ein kleiner Junge war, war zu tief, als dass sie hätte geheilt werden können.

Kapitel 12
Auf der Suche nach Sinn

Auch nach der Scheidung suchte Maria Pawlowna Zuflucht und Rat bei ihrem Vater und ihrer Stiefmutter. Diese hatten 1914 vom Zar die Genehmigung erhalten, wieder nach Russland zurückzukehren. Nikolaus II. hatte die Verbannung aufgehoben und die Familie einen Palast in Zarskoje Selo bezogen. Kurz nach Marias Ankunft begann der Erste Weltkrieg. Am 28. Juli 1914, einen Monat nach der Ermordung des österreichischen Thronfolgers und seiner Frau in Sarajevo, erklärte Österreich-Ungarn Serbien den Krieg. Auf Druck der Generäle drängte der russische Außenminister den Zar zur Generalmobilmachung. Russland betrachtete sich als Schutzmacht Serbiens. Am 1. August 1914 folgte die Kriegserklärung Deutschlands an Russland.

Marias Bruder Dmitri gehörte zu den Ersten, die mit ihrem Regiment an die Front zogen. Die Frauen der Romanow-Dynastie übernahmen Krankenpflegedienste. Maria Pawlowna war durch ihre Tante darauf vorbereitet worden. Bereits im Russisch-Japanischen Krieg 1904/5 – da war sie vierzehn Jahre alt – hatte sie die Tante bei deren Lazarettbesuchen begleitet. Sie sollte sich an den Anblick von Krankheiten und Verletzungen gewöhnen, denn es würde einmal zu ihren Aufgaben gehören, karitativ tätig zu sein.

Maria Pawlowna meldete sich 1914 freiwillig zum Einsatz an die Front. Sie wollte etwas Sinnvolles tun, außerdem fühlte sie sich wieder einmal allein: Ihr Bruder war an der Front, ihr Vater und seine Familie mit der Organisation ihres Lebens in Zarskoje Selo beschäftigt, Tante Ella wirkte in Moskau in ihrem Kloster. Maria Pawlowna betrachtete den Freiraum, den sie durch ihre Scheidung gewonnen hatte, als Chance, ihre Eigenständigkeit unter Beweis zu stellen. Die Arbeit als Krankenschwester war nicht nur das, was sie unter nützlicher Tätigkeit verstand, sondern wurde auch von einer Frau in ihrer Position erwartet. »Was ich tat, war doch nichts Außergewöhnliches«, erklärt sie in ihren *Erinnerungen,* »und wenn ich dabei ums Leben kam, so war selbst das in den Tagen kein ungewöhnliches Opfer. Werte opferte ich ja nicht – kein Heim, keine Familie, keine irgendwie belangvollen Freuden.«

Sie absolvierte eine dreiwöchige Krankenpflege-Ausbildung in Sankt Petersburg, dann war es so weit: Nach einem Gottesdienst setzte sich der Sanitätszug am 14. August 1914 Richtung deutsch-russische Front in Bewegung. Ziel war Insterburg in Ostpreußen, wo in einer Schule das Fronthospital eingerichtet wurde. Doch der Einsatz dauerte nur zwei Wochen. Nachdem die russische Armee eine Schlacht an den Masurischen Seen verloren hatte, erfolgte ein rascher Rückzug.

Der kommandierende General fühlte sich für die Sicherheit der Großfürstin persönlich verantwortlich. Er nahm sie in seinem Auto mit, während die anderen Krankenschwestern und Sanitäter die Züge für die Rückreise benutzten. Von Anfang an hatte sie als Krankenschwester eine privilegierte Stellung, denn viele Offiziere wussten, wer sie war. Nicht so die einfachen Soldaten. Maria Pawlowna gibt in ihren Memoiren einige Anekdoten wieder, in denen sie in ihrer Uniform als ganz normale Krankenschwester behandelt wurde und der betreffende Soldat erst später erfuhr, wen er da vor sich hatte. Das veranlasste sie zu Reflexionen über die Rolle der Uniform: Sie sah sich einem Paradoxon gegenüber, denn dieses Kleidungsstück, das die Individualität seiner Trägerin in den Hintergrund rücken sollte, ermöglichte ihr überhaupt erst eine gewisse Individualität. Sie konnte direkten Kontakt zu den Menschen aufnehmen, so wie sie es sich von jeher gewünscht hatte. Doch auch das musste sie erst lernen.

In ihrer Autobiografie betont sie immer wieder ihre Nähe zu den einfachen Leuten und gibt eine demokratische Gesinnung vor. Doch davon ist sie weit entfernt. Ihr identitätsstiftendes Medium ist die Arbeit. Beim Arbeiten spürt sie sich selbst und erfährt, wer sie ist – sowohl in der Krankenpflege als auch bei künstlerischen Tätigkeiten, die sie allerdings zu diesem Zeitpunkt noch nicht als Arbeit auffasst. In der aristokratischen Welt, in der sie aufwuchs, zählten sie als Zeitvertreib und demonstrativer Müßiggang. Für eine russische Großfürstin galt es als unstandesgemäß, eine nützliche Tätigkeit auszuführen. Wenn man etwas tat, dann zum Zeitvertreib. Doch Maria Pawlowna gab sich damit nicht zufrieden. In ihrer Maxime der Persönlichkeitsentwicklung war Arbeit ein wesentliches Element. »Unermüdlich, mit nie erlahmender Begeisterung arbeitete ich, innerlich glücklich, den ganzen Tag in den Krankensälen. Oft hatte ich Gewissensbisse, inmitten all dieses Leides von solchen Glücksgefühlen erfüllt zu sein. ›Wissen Sie auch, dass man Sie die lustige Schwester nennt?‹, fragten mich meine Mitschwestern, mit denen ich von Anfang an auf allerbestem Fuße lebte. Wenn ich durch die Krankensäle ging, wusste ich, dass die

Kranken auf mein Lachen warteten, dass sie sich Antworten auf meine Scherze überlegten.«

Zweite Station der Krankenschwester Maria Pawlowna war das Fronthospital von Pskow, das im November 1914 in einer Kirchenschule eingerichtet wurde. Dort stieg sie sofort zur Hospitalleiterin auf. Die Belegschaft bestand aus 5 Ärzten, 25 Krankenschwestern und 80 Krankenpflegern. Das Krankenhaus nahm zuerst 250, und etwas später, ab Sommer 1915, 600 Verwundete auf. Nach verlustreichen Schlachten um die Städte Kovno und Wilna hatte sich die Front bis auf 200 km an Pskow angenähert. Täglich wurden Verwundete in das Hospital eingeliefert, das Pflegepersonal hatte rund um die Uhr zu tun.

Nach Pskow wurde Maria Pawlowna versetzt, weil ihr erster Einsatz in Ostpreußen direkt an der Front viele organisatorische Probleme mit sich gebracht hatte. Ihre Sicherheit hatte Priorität gehabt, daher waren andere wichtige Aufgaben zu kurz gekommen. Das wollte man bei ihrem zweiten Einsatz vermeiden.

Auch in Pskow war Maria Pawlowna privilegiert. So war es beispielsweise selbstverständlich, dass sie an einem gemeinsamen Essen mit dem Zar, ihrem Vater und ihrem Bruder teilnahm, als diese die Nordfront besuchten. Da die Front ziemlich weit entfernt war und die Bewohner nicht direkt von den Angriffen betroffen waren, gingen sie einem relativ geregelten Alltag nach. Das änderte sich im Winter 1916, als sich das Lazarett mit Verwundeten füllte. Nun wurden alle Hände gebraucht. »Den ganzen Tag hatten wir im Verbandzimmer, im Operationssaal zu tun. Schreie und Stöhnen, leblose, betäubte Menschen, chirurgische Instrumente, blutige Verbände – das alles gehörte bald zu unserer Umgebung und war uns ganz vertraut. Die Füße schwollen an, vom dauernden Waschen und Desinfizieren wurden unsere Hände rot und rau, und doch arbeiteten wir unermüdlich, begeistert weiter«, heißt es in Maria Pawlownas *Erinnerungen*. Doch es gab auch Phasen der Entspannung. Maria Pawlowna berichtet sogar von einem Erholungsurlaub, den sie sich im Sommer gönnte, und vom Skifahren im Winter. Besuche ihres Vaters, ihres Bruders und ihres Stiefbruders werden erwähnt und die Gespräche mit einem Priester und einem Arzt.

Vater Michail war ein Priester, wie sie bisher keinen kennengelernt hatte. Seine Direktheit beeindruckte sie, nie verbarg er sich hinter religiösen Phrasen, wie sie es von den Geistlichen in ihrer Jugend erfahren hatte, deren Lehre sich in der Einübung von Ritualen erschöpfte. Auch ihr Onkel und ihre Tante hatten sich vor allem auf die Einhaltung religiöser Leitsätze konzentriert. Maria hatte meistens gar nicht verstanden, was diese mit ihrem Leben zu tun hatten. Vater Michail eröffnete ihr einen neuen Blick auf die Religion. Er las mit ihr gemeinsam die Bibel, beantwortete ihre Fragen und füllte die Zeremonien, die sie als leer empfunden hatte, mit Leben. Unter seiner Anleitung begann sie, die Heilige Schrift zu studieren und sich kritisch mit ihr auseinanderzusetzen. Überrascht stellte sie fest, dass darin Fragen auftauchten, die sie selbst permanent beschäftigten. Wenn das so war, dann war sie nicht so allein, wie sie immer gedacht hatte. Diese Erkenntnis war beinahe noch wichtiger, als Antworten zu erhalten. Jahre später bezeichnet sie diese Lebensphase als ein religiöses Erwachen.

Dr. Tischin war der behandelnde Arzt von Vater Michail. Er war ihr aufgefallen, weil er im Gegensatz zu den anderen Ärzten ausführlich die Fragen der Verwundeten und des Pflegepersonals beantwortete. Auch für sie, die gern alles wissen wollte, brachte er viel Geduld auf. Er war selbstbewusst und eloquent. Aus kleinen Verhältnissen stammend, hatte er sich seine Ausbildung selbst erarbeitet. Die Autokratie lehnte er entschieden ab, weshalb Maria ihn einen »Radikalen« nannte. Tischin war vielseitig interessiert. Er gab Maria Bücher von russischen Autoren zu lesen, von denen sie noch nie gehört hatte. Von jeher war sie an Geschichte interessiert gewesen, darin bestärkte er sie noch. Nicht nur der Weltgeschichte, sondern auch der Regionalgeschichte galt nun ihre Aufmerksamkeit. Ihre freien Stunden nutzte sie, um Pskow und seine Umgebung näher kennenzulernen. Dabei ging sie fast detektivisch vor und machte unerwartete Entdeckungen. In den Kirchen der Stadt fand sie unter dem Putz verborgen mittelalterliche Fresken. Sie sammelte Ikonen und restaurierte sie unter Anleitung eines Spezialisten, arbeitete mit Archäologen zusammen und lernte von ihnen. Es war eine Zeit der Erkenntnisse. Und sie entdeckte ein neues Medium für sich: die Fotografie. Hatte sie zunächst Zeichnungen von ihren Fundstücken angefertigt, begann sie nun, die Objekte zu fotografieren. Auch dazu hatte sie Dr. Tischin ermutigt. Er hatte sie nicht nur gelehrt, unter schwierigen Lichtverhältnissen gute Bilder zu machen, sondern auch zu Experimenten mit der Beleuchtung beim Fotografieren und beim Entwickeln angeregt. Sie richtete sich ihr erstes Fotolabor ein, experimentierte und schickte die Ergebnisse an ihren Vater.

In ihrer Autobiografie betont Maria Pawlowna, wie viel sie Dr. Tischin und Vater Michail verdankt. Es war ihr bewusst, dass sie die beiden als Großfürstin in Russland wohl kaum kennengelernt hätte. Endlich hatte sich das erfüllt, was sie sich sehnlichst gewünscht hatte: Sie war aus ihrer Isolation ausgebrochen, hatte den engen, wenn auch privilegierten, Radius der Herrscherhäuser verlassen und das wirkliche Leben erfahren. Dafür war sie dankbar. All das schwingt mit, wenn sie resümiert, sie könne im Rückblick von ganzem Herzen sagen, dass die Jahre als Krankenschwester während des Ersten Weltkriegs die glücklichsten ihres Lebens waren. Nach und nach habe sie ihre Flügel ausgebreitet und ihre Kraft erprobt. Die Wände, die sie so lange vom »wahren Leben« abgetrennt hatten, waren durchlässig geworden.

Kapitel 13
In schlimmer Zeit am richtigen Ort

Der Erste Weltkrieg lenkte kurzzeitig von den innenpolitischen Spannungen im Zarenreich ab, doch da die russischen Armeen sehr früh große Niederlagen erfuhren, erstickte die anfängliche Kriegsbegeisterung bereits im Keim. Der Zar geriet immer stärker ins Kreuzfeuer der Kritik. Man warf ihm Untätigkeit und Machtgier vor. Es waren dieselben Vorwürfe, die seit Anfang des 19. Jahrhunderts von Intellektuellen, Studenten, Arbeitern, Bauern und den westlich orientierten Adeligen erhoben wurden. Alle Protestbewegungen, die seither aufgeflammt waren, hatten den Sturz des autokratischen Zarenregimes und die Einführung einer konstitutionellen Monarchie zum Ziel. Im Ersten Weltkrieg erwies sich das bestehende Regime einmal mehr als unfähig, die innenpolitischen Probleme zu bewältigen. Der Zar weigerte sich standhaft, die seit langem geforderten wirtschaftlichen und sozialen Reformen durchzuführen. Die Kriegsverluste waren extrem hoch, die Lebensmittel wurden knapp, die Preise stiegen, in den großen Städten herrschten Hungersnöte. Als die Lebensmittelversorgung ins Stocken geriet, schreckten die Menschen nicht vor Plünderungen zurück. Die Unzufriedenheit der Zivilbevölkerung wuchs ständig, die Moral der Armee wurde einerseits durch die katastrophale Versorgungslage, andererseits durch die militärischen Niederlagen untergraben.

Zunächst galt der Zar als Verursacher der Misere, dann machte man seine Frau zum Sündenbock. Man warf Zarin

Alexandra vor, unter dem Einfluss des Mönchs Rasputin zu stehen, der die Willkürherrschaft des Zaren unterstützte. 1915 schloss sich die Mehrheit der Duma zu einem sogenannten progressiven Block zusammen und forderte politische Reformen. Der Zar lehnte ab und verschärfte seinen innenpolitischen Kurs der Unterdrückung sogar noch. Doch die Verfolgungen und Verhaftungen von Regimekritikern führten nur zu einer noch stärkeren Radikalisierung. Ende 1916 wiederholte die Duma ihre Forderung nach einer konstitutionellen Form der Regierung, es kam zu schweren Auseinandersetzungen, die den Zaren im Frühjahr 1917 zur Abdankung zwangen. Nikolaus II. verzichtete am 15. März für sich und seinen Sohn Alexander auf den Thron zugunsten seines Bruders, des Großherzogs Michail Alexandrowitsch; dieser verzichtete ebenfalls.

Im März 1917 beendete Maria Pawlowna ihren Dienst als Krankenschwester und zog nach Zarskoje Selo ins Haus ihres Vaters. Dort machte sie ihr Stiefbruder Wladimir mit Fürst Sergej Putjatin bekannt. Sie verliebte sich in ihn und heiratete ihn noch im September desselben Jahres. Es geschah unter Ausschluss der Öffentlichkeit, denn der Bräutigam stammte zwar aus einem alten Adelsgeschlecht, gehörte aber nicht zum Zarenhaus. Putjatin war nicht standesgemäß, was Maria ihn bei jeder Gelegenheit spüren ließ. Sie hätte eigentlich die Erlaubnis des Zaren einholen müssen, doch der war nicht mehr im Amt, stand sogar unter Arrest. Wie sollte da das Familiengesetz in Kraft treten? 1918 kam der gemeinsame Sohn Roman zur Welt. Die junge Familie floh vor der Oktoberrevolution Richtung Rumänien. Die Zarenfamilie und einige nahe Verwandte, darunter Marias

Halbbruder Wladimir und ihre Tante Ella, waren verhaftet worden. Bereits zehn Tage nach ihrer Abreise wurde auch ihr Vater inhaftiert. Was mit ihrem Bruder geschehen war, wusste Maria lange Zeit nicht.

Ende Dezember 1916 war es zu einer folgenschweren Tat gekommen, an der nahe Verwandte Maria Pawlownas beteiligt waren: Eine Gruppe von Aristokraten aus dem Umkreis des Zarenhofes hatte den verhassten Rasputin ermordet, unter ihnen war auch Dmitri gewesen. Maria Pawlowna hatte nicht nur Angst um ihren Bruder, sondern war auch verwundert und fassungslos. Sie konnte sich nur schwer vorstellen, dass er an einer solch brutalen Gewalttat beteiligt und deswegen angeklagt und verurteilt worden war. Als Haupttäter galt Dmitris Freund Felix Jussupoff.

Maria Pawlowna wurde in Pskow von der Nachricht überrascht. »Wild wirbelten meine Gedanken durcheinander, beschäftigten sich immer wieder nur mit Dmitri, der mir in ganz neuem, ungewöhnlichem Lichte erschien. Ich war stolz auf ihn«, gesteht sie in ihren Memoiren. »Aber irgendwo tief in meinem Herzen war ich verletzt, weil er es nicht für notwendig gehalten hatte, mir seine Pläne auch nur anzudeuten. Zum ersten Mal in meinem Leben sah ich in meinem Bruder ein besonderes Wesen, das abseits von mir stand, und dieses Gefühl eines bisher ungekannten Fremdseins ließ mich erbeben.«

Sie konnte auch nicht glauben, dass Felix Jussupoff zur Ausführung einer solchen Tat fähig gewesen war. Jussupoff hatte den Ruf, ein Schöngeist zu sein, dessen Hauptinteresse darin bestand, Gäste in seinen prachtvoll ausgestatteten Häusern auf der Krim und in Sankt Petersburg zu empfangen. »Er führte ein sorgloses Leben und interessierte sich eigentlich nicht für Politik. Allerdings war ihm sein Ansehen in der Öffentlichkeit nicht unwichtig, was vielleicht ein Motiv für die Ermordung Rasputins gewesen sein konnte«, so Roman Romanow, ein Großcousin Zar Nikolaus' II. »Ohne sich möglicherweise Gedanken darüber zu machen, dass er zum Mörder wurde, plante Felix seine Tat, die ihn ihrer politischen Bedeutung wegen mit einem Glorienschein des Ruhms umgab, was höchstwahrscheinlich seiner Eitelkeit geschmeichelt hatte.« Obwohl Rasputin viele Feinde am Hof hatte, waren doch die meisten entsetzt über dessen hinterhältige Ermordung.

Was war es, was Rasputins Reputation am Zarenhof begründete? 1904 war dem Zarenpaar nach vier Töchtern endlich der ersehnte Sohn geschenkt worden: Alexej. Die Freude über den Thronfolger wurde allerdings bald getrübt, als man feststellte, dass er an Hämophilie – der Bluterkrankheit – litt. Im Haus Hessen-Darmstadt, aus dem die Zarin stammte, waren bereits mehrere Fälle dieser Erbkrankheit aufgetreten. Sie ging zurück auf die englische Königin Victoria (1819-1901), deren neun Kinder in fast alle europäischen Höfe eingeheiratet hatten. Die Krankheit war zwar bekannt, doch es gab kein Heilmittel. Man musste sich mit der Krankheit arrangieren, das heißt sie – und damit der Kranke – bestimmte das Leben der Familie. Am Zarenhof war man bestrebt, dem Zarewitsch das Leben so erträglich wie möglich zu machen. Vor dem Volk hielt man sein Leiden lange Zeit geheim.

Von Rasputin erhoffte sich die Zarin die Heilung ihres Sohnes. Ob er ein heilkundiger Weiser, ein Heiliger, ein Starez oder ein machtgieriger Hochstapler war, ist bis heute umstritten. Empfohlen wurde er der Zarin von ihrem Beichtvater, dem Patriarchen Theophasus. 1907 kam der Wunderheiler das erste Mal an den Hof nach Sankt Petersburg. Nicht nur die Zarin, sondern die meisten, die sich über Rasputin äußerten – allen voran Felix Jussupoff –, waren von seinem Blick fasziniert und irritiert. Es bestand für sie kein Zweifel, dass er magnetische und hypnotische Kräfte besaß. Damit – und mit seinem strikten Verbot der bisherigen Medikamente – gelang es ihm, die krampfartigen Anfälle des Thronfolgers bei inneren Blutungen zu lindern. Folglich fühlte sich ihm die Zarin zu großem Dank verpflichtet und vertraute ihm vorbehaltlos. Er hatte als einer der wenigen Auserwählten Zutritt zu den kaiserlichen Gemächern, was natürlich innerhalb kürzester Zeit Gerüchte entstehen ließ. Ein Skandal erheblichen Ausmaßes schien nicht mehr aufzuhalten zu sein. Doch der Zar reagierte nicht auf die Anfragen der Duma, sondern verbot die öffentliche Diskussion über Rasputin und glaubte, die Affäre damit aus der Welt schaffen zu können.

Das Verhalten, Probleme zu verdrängen, durch Schweigebefehle zu »lösen« und Diskussionen zu verweigern, war symptomatisch für Nikolaus II. Er schien blind für das, was sich um ihn herum in Russland ereignete. Mitglieder der kaiserlichen Familie, darunter auch Maria Pawlowna, starteten im Winter 1916 wiederholt Versuche, ihn davon zu überzeugen, dass die Zeit der Alleinherrschaft vorbei sei, dass er sich mit der Duma verständigen und Russland dem Parlamentarismus öffnen müsse. Während ihrer Zeit als Krankenschwester hatte Maria Pawlowna erfahren, wie die unter-

schiedlichen Bevölkerungsgruppen über den Zarenhof dachten. Paul Alexandrowitsch war an ihren Augenzeugenberich-
ten aus dem Volk sehr interessiert. Damals begann die Beziehung zwischen Vater und Tochter enger zu werden. So hatte
es sich Maria schon immer gewünscht: Er nahm sie ernst
und stand ihr gleichzeitig väterlich zur Seite.

Das Gerücht von einem Mordplan gegen Rasputin kur-
sierte schon eine Weile in St. Petersburg. Rasputin schrieb
einen Brief an den Zar, in dem er ihm mitteilte, er habe die
Vorahnung, dass er wahrscheinlich noch vor Jahresende sterben werde. Seine Prophezeiung beinhaltete eine deutliche
Drohung: »Wenn ich von gewöhnlichen Mördern, besonders
von meinen bäuerlichen Brüdern, umgebracht werde, hast
Du, Zar von Russland, nichts zu befürchten. Du wirst auf
dem Thron bleiben und weiterregieren. Du brauchst auch
nicht um Deine Kinder zu fürchten, die noch jahrhundertelang in Russland herrschen werden. Wenn mich aber Groß-
grundbesitzer töten oder andere Adlige mein Blut vergie-
ßen, wird es für immer an ihren Händen kleben. Sie werden Russland verlassen müssen, und Brüder werden Brüder
töten ... Zar, wisse, dass wenn einer Deiner Verwandten
die Verantwortung für meinen Tod zu tragen hat, werden
alle Deine Angehörigen und Kinder die nächsten zwei Jahre nicht überleben.«

Seine Vorahnung sollte sich erfüllen: Am Morgen des 17.
Dezember 1916 wurde er vermisst. Die Zarin teilte ihrem
Mann in einem Brief mit, dass Rasputin, »unser Freund«, verschwunden sei. Er habe ihrer Vertrauten am Vortag erzählt,
er sei von Felix Jussupoff zu einem Fest eingeladen worden,
und dieser habe ihn mit dem Auto abholen wollen. »Heute

Nacht gab es bei Jussupoff einen Riesenskandal«, fuhr sie fort, »alle waren zusammen. Dmitri, Purischkewitsch und alle waren betrunken. Die Polizei hörte Schüsse. Purischkewitsch sei aus dem Haus gelaufen und habe geschrien, dass unser Freund getötet worden sei. Die Polizei und Kriminalbeamte sind nun bei Jussupoff. Sie wagten sich nicht früher hin, weil sich Dmitri noch im Hause aufhielt.« Die Anwesenheit eines Mitglieds der kaiserlichen Familie erschwerte die von der Zarin sofort angeordnete Untersuchung. Nur der Zar selbst konnte sie in diesem Fall befehlen, was er auch umgehend tat.

Die Reaktionen am Hof fielen nach Bekanntgabe der Tat unterschiedlich aus: Während die Zarin sich schwer getroffen zeigte, äußerte der Zar nur ein gemäßigtes Bedauern. Doch am 21. Dezember 1916 schrieb er in sein Tagebuch: »Meine Familie und ich wohnten einem traurigen Schauspiel bei. Der Sarg mit dem Körper des unvergesslichen Grigorij, der im Haus von Jussupoff in der Nacht vom 16. auf den 17. Dezember auf unmenschliche Weise ums Leben kam, wurde in das Grab hineingesenkt.«

Nikolaus entsetzte vor allem das Verbrechen selbst, der Mord an einem Mann aus dem Volk, in den noch dazu ein Mitglied seiner Familie involviert war: »Die Vorstellung, dass an einem Mitglied meines Hauses das Blut eines einfachen Bauern klebt, beschämt mich zutiefst!« Die Strafen für die Täter fielen vergleichsweise mild aus: Großfürst Dmitri wurde zu den russischen Truppen nach Persien versetzt. Bis zum Tag seiner Abreise durfte er sein Haus in Sankt Petersburg (das seit 1914 Petrograd) hieß, nicht verlassen und sich von niemandem verabschieden. Er sollte seinen Vater

Paul Alexandrowitsch nie wiedersehen. Felix Jussupoff wurde auf einem seiner Güter unter Hausarrest gestellt. Die Verbannung aus der Hauptstadt sollte beiden später das Leben retten.

Maria Pawlowna wollte nicht wahrhaben, dass ihr Bruder an der Tat beteiligt war. Deshalb stellte sie ihm keine Fragen. »Ich wollte nichts wissen; ich hatte Angst vor dem, was ich dann hören musste. Ich hatte Angst, dass auch ich mein ganzes Leen lang meinen Blick nicht würde losreißen können von all dem Entsetzlichen, das meine Phantasie mir ausmalte. Wir schwiegen. In all den vierzehn Jahren, die seither vergangen sind, haben wir mit keinem Wort die Ereignisse jener furchtbaren Nacht berührt«, berichtet sie in ihrer Autobiografie. Anders ihr Vater: Paul Alexandrowitsch habe seinen Sohn zur Rede gestellt, und dieser habe ihm geschworen, dass an seinen Händen kein Blut klebte.

Eineinhalb Jahre nach der Ermordung Rasputins und neun Monate nach der Oktoberrevolution wurde Zar Nikolaus II. mit seiner Familie in der Nacht des 17. Juli 1918 in Jekaterinburg exekutiert. Neunzig Jahre später, am 1. Oktober 2008, rehabilitierte der Oberste Gerichtshof Russlands die Zarenfamilie. Sie sei ein Opfer politischer Repression, urteilten die Moskauer Richter. Wer damals die Befehle zu den Morden erteilte, ist bis heute nicht bekannt.

Über das Schicksal der Zarenfamilie herrschte bei ihren Verwandten und in der Bevölkerung lange Zeit Ungewissheit. Noch Jahre später tauchten immer wieder angebliche Familienmitglieder auf, die das Massaker überlebt haben wollten – am berühmtesten ist nach wie vor der Fall Anastasia, der Stoff für zahlreiche Bücher und mehrere Filme bot.

Kapitel 14
Zu »retroaktiver Trauer« verurteilt

Kurz nach der Deportation der Zarenfamilie wurde Paul Alexandrowitsch mit seiner Familie in Zarskoje Selo unter Hausarrest gestellt. Als er von Marias Heirat mit Sergej Putjatin erfuhr, war er beruhigt, sie nicht länger allein zu wissen. Am 11. November 1917 wurde Zarskoje Selo von den Bolschewiken eingenommen und Großfürst Paul kurzzeitig inhaftiert. Nach dem Friedensschluss von Brest-Litowsk am 16. März 1918 wurden die Mitglieder der kaiserlichen Familie aufgefordert, sich bei der Geheimpolizei in Petrograd zu melden. Im Herbst 1918 wurde Paul Alexandrowitsch erneut verhaftet, sein Haus durchsucht und sämtliche wichtigen Papiere beschlagnahmt. Alle Angebote zur Flucht, die ihm von Angehörigen – darunter Olgas Tochter aus erster Ehe – unterbreitet wurden, lehnte er ab. Olga berichtet in ihren Memoiren, wie sie ihm ins Gefängnis folgte. Als sie sich verabschieden mussten, sagte Paul: »Unser Glück ist zu Ende. Ich weiß nicht, wie viel Zeit mir noch zum Leben bleibt, aber ich möchte dir von ganzem Herzen danken. Ich danke dir für fünfundzwanzig glückliche Jahre. Kümmere dich gut um die Kleinen. Das ist deine Pflicht und mein Wunsch.« Er legte ihr ferner ans Herz, an den schwedischen König Gustaf V. zu schreiben und ihn um Hilfe zu bitten, was sie auch tat.

Auf ihre wiederholten Anfragen hin teilte man Olga mit, Paul Alexandrowitsch bliebe drei Monate in Haft, dann werde er in den Ural verbannt. Unverzagt und immer bereit, sich mit aller Kraft für ihn einzusetzen, erkundigte sie sich, was man ihm vorwerfe. Die Antwort lautete: »Nichts Persönliches, aber alle Romanows sollen für die 300-jährige Unterdrückung des Volkes zur Verantwortung gezogen werden.« Es ist tragische Ironie, dass Paul Alexandrowitsch seinerzeit von seinen kaiserlichen Verwandten für zwölf Jahre des Landes verwiesen worden war und jetzt bestraft werden sollte, weil er Mitglied ebendieser kaiserlichen Familie war.

Nur durch eine Zeitungsnotiz erfuhr Olga, dass ihr Haus mit seinem gesamten Inhalt »nationalisiert« worden sei. Als sie dagegen protestierte, boten ihr die Bolschewiken die Zusammenarbeit an und stellten sogar die Freilassung ihres Mannes in Aussicht. Olga beriet sich mit ihm – sie hätte wohl alles getan, um den geliebten Ehemann aus der Haft zu befreien. Doch Paul redete es ihr aus. Lieber wollte er sterben, als vielleicht sogar Repressionen für seine Familie zu provozieren. Außerdem war er mit seinen Kräften am Ende: In den letzten beiden Monaten hatte er täglich miterlebt, wie Mitgefangene aus ihren Zellen geholt, abgeführt und hingerichtet wurden.

Auch für Olga war die nervliche Belastung ungeheuer groß. Drei Offiziersfreunde Paul Alexandrowitschs standen ihr zur Seite und arbeiteten einen Rettungsplan aus. Sie hatten sich, verkleidet als Rotgardisten, Zutritt zu seiner Zelle verschaffen können. Doch er lehnte ab. Zwar habe ihn eine »wahnsinnige Sehnsucht nach Freiheit« ergriffen, aber die Solidarität und Verantwortung für seine ebenfalls inhaftierten Cousins sei noch größer. Er wolle nicht, dass man sich wegen seiner Flucht an ihnen räche.

Olga war hin und her gerissen zwischen der Angst um ihren Mann und der Sorge um ihre Kinder. Ihr Sohn Wladimir war ebenfalls verhaftet worden und hatte im Mai 1918 auf einem Glückwunschtelegramm zum Namenstag seiner Schwester Irina mitgeteilt, dass er nun von Jekaterinburg nach Alapajewsk deportiert werde. Irina und Natalja wurde Mitte Dezember erlaubt, nach Finnland zu gehen. Sie mussten durch knietiefen Schnee stapfen, bevor sie endlich ein finnisches Sanatorium erreichten, wo sie in Sicherheit waren. Weihnachten 1918 sah Olga ihren Mann zum letzten Mal. Danach erhielt sie Besuchsverbot. Als sie sich Ende Januar 1919 nach ihm erkundigte, wies man sie ab, er befände sich nicht mehr im Gefängnis, doch wo er sich aufhalte, wisse niemand. Die Wahrheit erfuhr sie wieder aus der Zeitung: Am 30. Januar war er zusammen mit seinen drei Cousins erschossen worden. Erst später kamen die Einzelheiten ans Licht: Die vier Großfürsten waren zur Peter-und-Paul-Festung gebracht und dort eingesperrt worden. Um drei Uhr morgens wurden sie auf den Münzplatz geführt und neben einem offenen Massengrab erschossen.

Nur wenige Tage später traf Graf Sjuwaloff aus Stockholm ein, um Olga anzukündigen, dass man alle notwendigen Vorbereitungen für den Freikauf ihres Mannes getroffen habe. Als er von den schrecklichen Ereignissen erfuhr, überzeugte er Olga, umgehend mit ihm nach Finnland zu fliehen. Nach einer dramatischen Fahrt über die Finnische Bucht gelangte sie zu dem Sanatorium, in dem bereits ihre Töchter warteten. Dort hörte sie von der Ermordung der Zarenfamilie. Eine Weile lebte sie noch in der Hoffnung, ihr Sohn Wladimir habe aus Sibirien fliehen können, doch diese wurde im März 1919 mit der Nachricht von seinem schrecklichen Ende zunichte gemacht.

In Alapajewsk war Waldimir mit Elisabeth zusammengetroffen, die man im Mai in ihrem Kloster inhaftiert und zunächst nach Jekaterinburg gebracht hatte. Nun waren sie, gemeinsam mit einigen anderen Familienmitgliedern, im selben Gebäude eingesperrt. Maria Pawlowna schreibt in ihren Memoiren: »Nie hatte sich meine Tante mit der Tatsache aussöhnen können, dass die Frau meines Vaters, der nach vollständiger Verzeihung durch den Zaren in all seine Rechte wieder eingesetzt worden war, einen offiziellen, wenn auch morganatischen Titel erhalten und vom Hofe anerkannt worden war. Ihre feindseligen Gefühle übertrug sie auch auf die Kinder meines Vaters aus seiner zweiten Ehe. Aber das Schicksal wollte es, dass sie und Wladimir die letzten Monate ihres irdischen Lebens zusammen verbrachten, sich gegenseitig schätzen und lieben lernten.«

In der Nacht des 18. Juli 1918 brachte man die Gefangenen in ein Bergwerk nahe Alapajewsk. Die meisten wurden mit Gewehrkolbenschlägen schwer verletzt und noch lebendig in einen Bergwerksschacht geworfen. Dann schleuderten die Mörder Handgranaten hinterher, um die Spuren des Verbrechens zu vertuschen. Es wird berichtet, die Großfürstin habe man als Erste hinuntergestoßen und sie habe noch die Wunden eines anderen Opfers mit Stoffstreifen aus ihrem Kleid verbunden.

»Ich war neun Jahre alt, als mein Großvater ermordet wurde, aber keiner erzählte es mir – man wollte mich schonen. Erst als ich meine Mutter 1921 in Kopenhagen traf, erfuhr ich von ihr, dass Großvater tot war«, berichtete Lennart

Bernadotte und bekannte: »Meine Trauer kann nicht besonders persönlich gewesen sein. Großvater war für mich nur ein Name und ein alter Herr hinter Glas und Rahmen; und meine Enkelkindgefühle können nicht besonders stark gewesen sein. Über die näheren Umstände seines Todesfalles habe ich nicht viel erfahren. Damals konnte ich gewiss nicht ahnen, dass ich reichlich siebzig Jahre später Großvater als den nahen Angehörigen erleben würde, der er war, seine Persönlichkeit kennenlernen und – ja, tatsächlich – um ihn wie um meinen Großvater trauern würde. Eine eigenartige retroaktive Trauer.«

Siebzig Jahre später, 1990, wurde Lennart Bernadotte eingeladen, seine Makrofotografie-Ausstellung *Optische Träume* in Sankt Petersburg, das damals Leningrad hieß, zu präsentieren. Er nahm dieses Ereignis zum Anlass, den Ort aufzusuchen, an dem sein Großvater 1919 ermordet worden war. Begleitet wurde er von einem anderen Enkel Paul Alexandrowitschs, Prinz Michel Romanoff. Er war der Sohn von Pauls Tochter Irina.

In seinen Memoiren schildert Lennart Bernadotte diese bewegende Szene: »Als Michel und ich 1990 im Zusammenhang mit meiner Makrobild-Ausstellung im damaligen Leningrad waren, zwangen wir uns, die Peter-und-Paul-Festung und die Kathedrale zu besuchen. Die Fremdenführerin redete eifrig. Aber nicht darüber, woran wir dachten. Michel geht neben mir. Ich betrachte ihn verstohlen von der Seite. Sein Gesicht ist versteinert.

Hier ging unser Großvater in den Tod. Unsere Schritte hallen in den kahlen Gängen.«

Sie gehen zwar miteinander, doch jeder ist allein mit seinen Gefühlen, die alle in Fragen münden, die Lennart Bernadotte in seinem Buch wiedergibt: »Saß er gerade in dieser Kellerzelle? Lag er gerade auf dieser Pritsche? Lief er unruhig über diesen kalten Steinfußboden hin und her? Sicherlich ahnte er das Ende. Natürlich hörte er die Schritte kommen. Wurde er durch diesen Gang in seinen Tod geführt? Wo geschah es? Direkt vor der Kirche? Oder mit der Bastion im Hintergrund? Dort ließ es sich leichter graben. Werden wir es jemals erfahren? Müssen wir es wissen?«

Kapitel 15
Maria und Coco

Nachdem Maria Pawlowna 1919 in Rumänien endlich die Nachricht erhalten hatte, dass sich ihr Bruder wohlauf in London befand, hatte sie nur ein Ziel: Sie wollte sofort zu ihm. Gemeinsam mit ihrem Ehemann Sergej Putjatin machte sie sich auf den Weg und ließ ihren kleinen Sohn Roman vorerst bei den Schwiegereltern in Bukarest. In London lebten Maria und ihr Mann von den Wertsachen, die sie aus Russland geschmuggelt hatten. Maria hatte ihren Schmuck in Tintenfässern und Kerzenimitaten versteckt und nach Schweden geschickt. So verfügten sie in London anfangs über genug Geld, um ein luxuriöses Leben zu führen: Sie besuchten viele Veranstaltungen, spielten Golf und gingen ins Kino. Fast immer war Dmitri dabei. Als das Ehepaar eine Wohnung im Stadtzentrum mietete – anfangs logierten sie im Hotel Ritz, doch das wurde ihnen bald zu kostspielig –, zog er zu ihnen. Maria war überglücklich und überließ ihm das schönste Zimmer. Sie verwöhnte ihren kleinen Bruder und erzeugte damit viele Konflikte.

Dmitri erlebte die Schwester als dominant und besitzergreifend. Sie mischte sich ständig in seine Belange ein, kannte kein Maß und ließ es an Takt und Fingerspitzengefühl fehlen. Sie hatte Großes mit ihm vor. Unter den emigrierten Romanows grassierten Pläne, ein neues Herrscherhaus im Exil zu errichten. Großfürst Dmitri Pawlowitsch galt als aussichtsreicher Kandidat für den Thron. Er selbst hatte wenig Ambitionen und wurde dafür von seiner Schwester kritisiert. Sie warf ihm sein lockeres Bohemeleben vor. In ihren Augen ließ er sich treiben, hatte kein Ziel, zeigte kein Engagement, vergeudete seine Zeit und seine Talente. Das konnte sie nur schwer mit ansehen. Dmitri fühlte sich gegängelt, kontrolliert und manipuliert. Gleichzeitig hatte er ein schlechtes Gewissen, weil er wusste, wie sehr ihn seine Schwester liebte und dass ihr erster Gedanke stets ihm galt. Sie schien sich in die Zeit ihrer gemeinsamen Kindheit hineinzuträumen. Damals waren sie immer füreinander da.

Dmitri liebte seine große Schwester, aber nicht so ausschließlich wie sie ihn. Das war einfach zu viel für ihn. Selbst als Maria vom Tod ihres Sohnes erfuhr, war es nicht Sergej, bei dem sie Trost suchte, sondern Dmitri. Roman war im Alter von einem Jahr erkrankt und nach kurzer Zeit gestorben. Für Maria war es ein schwerer Schlag. In ihrer Autobiografie erwähnt sie den Tod ihres Kindes zwar nur beiläufig, aber in einer Weise, die vermuten lässt, dass sie sich außer Stande sah, darüber zu schreiben. In Dmitris Tagebüchern kann man nachlesen, wie hart es sie getroffen hat. Sie quälte sich mit Selbstanklagen und Schuldgefühlen, die sie nur ihrem Bruder anvertraute. Sie warf sich vor, als Mutter versagt zu haben. Es sei ihr zu unbequem gewesen, den Sohn mit nach London zu nehmen, deshalb habe sie ihn bei den Schwiegereltern in Bukarest zurückgelassen. Nach dieser schonungslosen Selbstbezichtigung versuchte sie, eine Entschuldigung für ihr Verhalten zu finden: Ihr fehlte ein Vorbild. Sie hatte nie erfahren, was Muttersein überhaupt bedeutete. Trotzdem verzieh sie sich ihren Egoismus nicht. Sie glaubte, Gott habe sie dafür gestraft, und lebte nun in Erwartung weiterer Strafen. Wahrscheinlich rührte aus ihrem Gemütszustand auch ihr dringender Wunsch, wieder mit ihrem Sohn Lennart zusammenzukommen, den sie schon einige Jahre nicht mehr getroffen hatte. Gleichzeitig hatte sie Angst vor dieser Begegnung: »Ich habe nie gewusst, wie man Kinder behandelt; zu deutlich steht immer meine eigene Kindheit vor mir; alles, was mich im Benehmen Erwachsener überraschte und verletzte, scheint sich jetzt seltsamerweise in meine Beziehungen zu Kindern eingeschlichen zu haben.«

Im Sommer 1921 meldete sie sich in Stockholm mit der Bitte, ihren Sohn sehen zu dürfen. Man einigte sich darauf, dass die Begegnung in Kopenhagen, also auf neutralem Boden, stattfand. Lennart sah dem Treffen mit Neugier, aber ohne besondere Gefühle entgegen. In all den Jahren hatten weder der Vater noch die Großmutter von seiner Mutter gesprochen. Einzig seine Kinderfrau Nenne bemühte sich, die Erinnerung an sie lebendig zu halten, denn sie verehrte Maria Pawlowna. Nenne war es auch, die den Zwölfjährigen nach Kopenhagen begleitete. Schon von der Kommandobrücke des Schiffes aus erblickte Lennart am Kai zwei Menschen, die sein Winken erwiderten: seine Mutter und sein Onkel Dmitri. Gemeinsam erlebten sie abwechslungsreiche Tage in Kopenhagen, gingen aus und besuchten Pferderennen, doch Lennart verspürte keine besondere Nähe zu Maria. »Diese ziemlich fremde Dame, an die ich mich nur dunkel erinnern konnte, hätte genaugenommen sonstwer sein können, aber nachdem ich nun einmal zufällig ihr Sohn war, hatte man mir eingeredet, dass ich sie sehr gern haben müsse.«

Im nächsten Jahr bemühte sich Maria Pawlowna erneut um ein Treffen mit ihrem Sohn, der von der Aussicht, seine Ferien – mittlerweile besuchte er eine öffentliche Schule –

mit Nenne, dem Hauslehrer und seiner Mutter auf der Mainau zu verbringen, nicht gerade begeistert war. Doch seine Proteste waren vergebens. Auch dieses Wiedersehen führte nicht zu einer Vertiefung ihrer Beziehung. Maria machte ihm zwar schöne Geschenke, war aber mehr an Treffen mit »geheimnisvollen russischen Emigranten« interessiert als am Zusammensein mit ihrem Sohn. Dieser Eindruck verfestigte sich noch, als sie sich fünf Jahre später in Brüssel sahen. »Mama schien sehr von Personen und Sachen in Anspruch genommen zu sein, die sie mehr interessierten, als ich es tat, und ich entdeckte Zerstreuungen, die ich vergnüglicher fand als die Unterhaltungen mit ihr.« Und dennoch begann sich damals etwas zu entwickeln, was Lennart Bernadotte als »Bemühung um Kameradschaftlichkeit« bezeichnete.

Von London aus führte Maria Pawlownas Weg nach Paris. Im April 1920 hatte sie, zusammen mit Sergej, ihre Stiefmutter besucht, die nun mit beiden Töchtern wieder in Paris lebte, wo sie Anfang des Jahrhunderts die ersten gemeinsamen Jahre mit Paul Alexandrowitsch verbracht hatte. Die französische Hauptstadt entwickelte sich langsam, aber kontinuierlich zum Zentrum der russischen Emigration und löste Berlin ab, das nach der Revolution zunächst Anlaufstelle gewesen war. Paris war schon vor dem Umsturz ein beliebtes Reiseziel der russischen Aristokratie gewesen, jetzt herrschte Aufbruchstimmung. Außerdem waren die französischen Immigrationsgesetze weitaus liberaler als die anderer europäischer Länder.

Maria, Sergej und Dmitri entschlossen sich ebenfalls, nach Paris überzusiedeln. Nun wohnte das Ehepaar wieder allein in einer Wohnung, Dmitri zog ins Hotel. Wie die meisten

Emigranten hatten sie ihre Abwesenheit von Russland anfangs nur als vorübergehende betrachtet. Alle hofften sie darauf, dass die zaristische weiße Armee die Bolschewiken besiegen und die alten Machtverhältnisse wiederherstellen würde. Doch Maria erkannte bald, dass eine Rückkehr in die Heimat in absehbarer Zeit nicht möglich sein würde. Um einigermaßen standesgemäß zu leben, hatte sie nach und nach ihren wertvollen Schmuck verkauft. Doch bald waren alle Reserven aufgebraucht. Es galt, Geld für den Lebensunterhalt zu verdienen.

Für Maria Pawlowna war es selbstverständlich, ihren Unterhalt selbst zu bestreiten. Sie betrachtete die Rollenverteilung realistisch: Die beiden Männer hatten außer dem Militärdienst nichts gelernt, während sie sich ständig weitergebildet hatte. Für eine Frau war es leichter, zurechtzukommen, stellte sie in ihren Memoiren fest, sie konnte ihre Hände gebrauchen. Das könnten Männer zwar auch, aber meistens reiche es nur zum Tellerwaschen.

Maria kam nun die hochherrschaftliche Mädchenerziehung zugute, die sie bei ihrer Tante genossen hatte: Stricken, Sticken, Häkeln, Schneidern, darüber hinaus Zeichnen und Malen. Darin hatte sie sich in der Stockholmer Kunstgewerbeschule vervollkommnet. In London hatte sie begonnen, ihre Kleider selbst zu schneidern. Die schönen Modelle, die sie bei anderen Frauen oder in Modejournalen sah, dienten ihr als Anregung. Sie gab ihren Entwürfen eine eigene Handschrift. Doch sie beschränkte sich nicht nur auf die Frauengarderobe, auch ihr Ehemann und ihr Bruder profitierten von ihrer Nähkunst. Da lag es nahe, ihre Begabung zum Beruf zu machen, ihre Kreativität und ihr ästhetisches Gespür zum Geldverdienen zu nutzen. Sie begann, Pullover und Kleider zu stricken, ganz nach der Mode der zwanziger Jahre. Und bald arbeitete sie mit keiner geringeren als der Modeschöpferin Coco Chanel zusammen, die mit Dmitri liiert war und sich für alles begeisterte, was mit Russland zu tun hatte.

Dmitri Pawlowitsch und Coco Chanel hatten sich im Sommer 1920 in Biarritz kennengelernt, wo sich viele Romanows trafen. Sie suchten nach der Revolution die luxuriösen Badeorte auf, in denen sie zur Zeit des Zarenreichs ihre Ferien verbracht hatten. Coco Chanel, acht Jahre älter als Dmitri, hatte sich bereits damals einen Namen als Begründerin eines erfolgreichen Mode-Imperiums gemacht. Besonders ihre Biarritzer Dependance florierte, deshalb hielt sie sich oft dort auf. Als sie Dmitri traf, befand sie sich in einer schweren Lebenskrise. Sie hatte gerade ihre große Liebe, Boy Capel, durch einen Verkehrsunfall verloren.

Weder Dmitri noch Coco waren typische Nachtschwärmer, doch beide ließen sich manchmal von Freunden mitreißen. Sie wollte ihre Zeit nicht in Bars oder auf Partys vertrödeln, arbeitete stattdessen besessen und unaufhörlich. Er fühlte sich einsam, wusste nicht, wo er hingehörte, war auf der Suche nach einem Lebensinhalt und einem Platz, an dem er sich zu Hause fühlen konnte.

Am Ende des Sommers 1920 zog er zu Coco Chanel auf ihr Anwesen Bel Respiro. Nach dem plötzlichen Tod ihres Geliebten hatte sie ihre Villa Milanaise im Wald von Saint-Cucufa zunächst als Ort der Trauer eingerichtet. Ihr Rückzugszimmer war auf ihr Geheiß schwarz gestrichen worden, auch Vorhänge, Bettwäsche, Teppiche waren in dieser Farbe gehalten, die in der Mode ihre erklärte Lieblingsfarbe war. Doch bereits in der ersten Nacht hielt sie es in dieser gruftähnlichen Umgebung nicht mehr aus und gab am darauffolgenden Tag die Anweisung, alles in rosigen Farben auszustatten. Hier zeigte sich auch ihr energischer Wille zum Überleben, den sie schon als Kind im Waisenhaus ausgebildet hatte. Sie verfügte über diverse Strategien der Selbstrettung. Dazu gehörte die Erkenntnis, dass die äußere Hülle das Innere beeinflussen konnte. Diese Erkenntnis setzte sie konsequent in ihrer Arbeit um. Sie revolutionierte die Damenmode: Zuerst ließ sie das Korsett verschwinden, doch die Befreiung ging noch weiter. Sie schnitt den Frauen die Haare ab, erfand die Matrosenhose, das Tweedkostüm und das kleine Schwarze – es ist beinahe untrennbar mit ihr verbunden. Sie forderte die Frauen auf, sich von unbequemer und einengender Kleidung zu emanzipieren, nicht länger ihr Verhalten an ihre Garderobe anzupassen, sondern umgekehrt, diese so zu gestalten, dass sie sich so frei wie möglich bewegen konnten.

Nun galt es, sich selbst zu retten. Sie gab ihre Villa Milanaise auf und richtete sich ein neues Domizil ein, das Landhaus Bel Respiro auf dem Hügel von Garches. Ständiger Gast war dort in den nächsten zwei Jahren der Komponist Igor Strawinsky mit seiner Familie.

1920 und 1921 wurden für Coco Chanel zu Glücks- und Erfolgsjahren. Nach einer Phase tiefster Depression fühlte sie sich endlich wieder unternehmungslustig und experimentierfreudig – so sehr, dass sie sich der Parfumherstellung zuwandte und einen Duft kreierte, der eine Revolution bedeutete. Sie ließ die Blumendüfte hinter sich und wagte etwas ganz Neues. Der Duft enthielt, neben den üblichen Essenzen pflanzlicher und tierischer Herkunft, erstmalig synthetische. Es war ihr erstes Parfum, das nicht nur zum meistverkauften Parfum der Welt wurde, sondern zum Inbegriff des Parfums überhaupt: Chanel N° 5. Es sollte die Grundlage ihres riesigen Vermögens bilden und sie bis an ihr Lebensende finanziell unabhängig machen.

Zweifellos half ihr die Beziehung zu Dmitri Pawlowitsch, ihre Trauer zu überwinden. Er gab ihr Halt, linderte ihren Schmerz und machte sie auf das Thema Parfum aufmerksam. Am Zarenhof hatte die Kunst der Parfumherstellung höchste Wertschätzung erfahren. Coco Chanel formulierte als Ziel, einen Traum und ein Gefühl zu kreieren. Sie zitierte gern den Dichter Paul Valéry: »Jemand ohne Parfum hat keine Zukunft.« War sie bisher beruflich auf sich allein gestellt, wurde sie jetzt von Dmitri unterstützt. Er machte sie mit Ernest Beaux, dem Sohn des ehemaligen russischen Hofparfumeurs, bekannt, der in Sankt Petersburg aufgewachsen und nach der Revolution nach Frankreich geflohen war, wo er in Grasse als Parfumeur arbeitete. Gemeinsam wagten sie etwas, was bisher als Sakrileg galt: natürliche Stoffe mit Aldehyden zu mischen, um den Duft haltbarer zu machen. Die Frauen sollten nicht ständig damit beschäftigt sein, ihr Parfum aufzufrischen, sondern sich auf ihren Duft verlassen können – das entsprach Coco Chanels Philosophie neuer selbstbewusster Weiblichkeit.

Ernest Beaux stellte Coco Chanel mehrere Entwürfe vor. Sie entschied sich für die Duftprobe, die ihre Glückszahl trug: 5! Sie basierte auf Jasmin, bestand aus achtzig Ingredenzien und war die teuerste. Das kam Coco Chanel sehr gelegen. »Ich will es zum teuersten Parfum der Welt machen«, kündigte sie an. Allein zu ihren Lebzeiten verdiente sie damit 15 Millionen Dollar. Sie vertraute auf die Magie der Zahl 5 und brachte Chanel N° 5 am 5.5.1921 auf den Markt. Damals begann die Erfolgsgeschichte, die bis heute andauert. Viele Legenden und Aussprüche ranken sich um das Parfum der Parfums, der wohl berühmteste stammt von Marilyn Monroe, die in den 1950er Jahren offenbarte, sie trage zum Schlafen nur einige Tropfen Chanel N° 5.

1921 verbrachten Coco Chanel und Dmitri zwei Monate in Moulleau bei Arcachon. Ama Tikia hieß die weiße Villa am Meer, die Coco gemietet hatte. Es waren die längsten Ferien, die sie sich jemals gegönnt und mit einem anderen Menschen in Zweisamkeit verbracht hatte. Kurze Zeit danach trennten sie sich, ohne dass ein Bruch stattgefunden hätte. Sie waren ein Jahr lang ein Paar gewesen. Es heißt, er sei stärker von ihr fasziniert gewesen als umgekehrt und habe sie als eins der großen Abenteuer seines Lebens betrachtet. Freunde blieben sie ein Leben lang.

Maria Pawlowna lernte Coco Chanel im Herbst 1921 kennen, als deren Liebesbeziehung mit Dmitri schon beendet war. Maria Pawlowna war voller Bewunderung und Sympathie. Eine solche Frau hatte sie bisher nicht kennengelernt. Coco Chanel war phantasievoll und kreativ, gleichzeitig ehrgeizig und hatte ein ausgeprägtes Durchsetzungsvermögen. Sieben Jahre älter als Maria hatte sich Coco Chanel in der Modewelt einen Spitzenplatz erobert, ihr Name war weit über Paris hinaus bekannt und galt als Markenzeichen. Maria Pawlowna staunte nicht nur über Coco Chanels Erfolge als Geschäftsfrau, sondern auch über ihre Kreationen. Die Modeschöpferin hatte mit allen Traditionen gebrochen.

Maria Pawlowna erkannte sofort, dass sie von Coco Chanel lernen konnte – ästhetisch und psychologisch. Sie suchte sie häufig in ihrem Atelier in der rue Cambon auf. Die Arbeit verband die beiden Frauen so unterschiedlicher Herkunft. Beide arbeiteten gern und viel. Coco Chanel hatte es bereits zu Ruhm, Geld und Ansehen gebracht. Maria war noch auf dem Weg dorthin. Die erfolgreiche Französin nahm für eine Zeitlang die Rolle der Mentorin ein und gab der russischen Emigrantin Tipps, wie und wo sie ihr eigenes Unternehmen realisieren konnte.

Nachdem sich Coco Chanel von Maria Pawlownas kreativen Fähigkeiten überzeugt hatte, unterbreitete sie ihr einen unerwarteten Vorschlag. Sie bot ihr an, Entwürfe für ihre neue Kollektion anzufertigen. Immer noch schlug Coco Chanels Herz für Russland – auch nach der Trennung von Dmitri. Alles, was mit diesem riesigen, fernen Land zu tun hatte, faszinierte sie. Ihre Begeisterung war so groß, dass sie sich entschloss, ihre Kollektion, die durch Klarheit und Strenge bestach, zu erweitern: Sie ließ sich von der Rubaschka, dem Kittel der Muschiks, zu neuen Modellen inspirieren und entwickelte ihre eigene Pariser Variante dieses folkloristischen Kleidungsstücks. Es wurde von ihren Kundinnen so begeistert aufgenommen, dass sie beschloss, es mit den typischen Stickereien zu verzieren. Also forderte sie Maria Pawlowna auf, Stickmuster für die Blusen zu entwerfen. Maria Pawlowna nahm das Angebot freudig an. Die Zusammenarbeit mit einem so renommierten Haus und einer so faszinierenden Frau war eine verlockende Chance. Dadurch würde sie Kontakte zur Modewelt bekommen – ein besseres Entrée konnte sie sich nicht wünschen.

Maria Pawlowna machte sich sofort an die Arbeit. Innerhalb kurzer Zeit zeichnete sie eine Reihe von Entwürfen und präsentierte sie ihrer Auftraggeberin. Coco Chanel war hingerissen, die Zeichnungen übertrafen bei weitem ihre Erwartungen. Sie erkannte, dass Maria nicht nur über Phantasie und Geschmack verfügte, sondern eine professionelle künstlerische Ausbildung absolviert hatte. Auf der Stockholmer Kunstgewerbeschule war ornamentales Zeichnen ihr Lieblingsfach gewesen. Die Muster, die sie schuf, verbanden die russische Tradition mit der Moderne. Falls Coco Chanel befürchtet hatte, mit ihrem Ausflug in die russische Folklore hinter ihren eigenen avantgardistischen Anspruch zurückzufallen, so wurde sie von Maria Pawlowna eines Besseren belehrt: Waren die klassischen russischen Muster ohnehin von großer Klarheit, so verstärkte Maria Pawlowna diesen Effekt noch durch Verfremdung und erzielte damit eine beeindruckende Wirkung.

Doch das Entwerfen von Mustern genügte Maria Pawlowna von Anfang an nicht. Um weiterzukommen, auch künstlerisch, wollte sie sich auch praktisch ausbilden und mehr über das Material erfahren. Sie kaufte sich eine Stickmaschine und lernte die Techniken, mit denen die gezeichneten Dekors in Stickereien umgesetzt wurden. Auf diese Weise bestickte sie eigenhändig die erste Bluse, die Coco Chanel dafür vorgesehen hatte. Die Modeschöpferin erteilte der begabten Russin Nachfolgeaufträge. Alle überzeugten sie gleichermaßen, und sie beschloss, ihre neue Kollektion mit einer größeren Anzahl russischer Modelle zu starten. Maria Pawlowna war froh über den Zuspruch der von ihr so geschätzten Frau und wusste gleichzeitig, dass sie es allein nicht schaffen konnte, alles zu deren Zufriedenheit auszuführen. Also gründete sie ihr eigenes Atelier und stellte drei russische Stickerinnen ein. Nun konnte sie sich wieder auf den kreativen Teil der Arbeit, das Entwerfen, konzentrieren und ihren Mitarbeiterinnen die Ausführung überlassen.

In der ersten Phase ihrer Zusammenarbeit war der Kontakt zwischen Coco Chanel und Maria Pawlowna besonders intensiv. Sie waren beinahe Tag und Nacht zusammen. Es galt, die Frühjahrskollektion 1922 fertig zu stellen – ein aufregendes Unternehmen, das die Beteiligten völlig in seinen Bann zog. Alle Kräfte wurden gebraucht, die anfängliche Arbeitsteilung löste sich mit dem Herannahen des Präsentationstermins mehr und mehr auf, zum Schluss machte jeder alles – ungeachtet der Hierarchien innerhalb des Ateliers. So griff auch Coco Chanel immer wieder zu Nadel und Faden. Es war eine Art der Zusammenarbeit, wie sie Maria Pawlowna bisher nicht gekannt hatte. Für eine kurze Zeit glaubte sie sich am Ziel ihrer Wünsche: Hier galt das, was sie bereits in ihrer Jugend geliebt hatte: künstlerische Arbeit – nicht als Zeitvertreib, sondern als sinnvolle Tätigkeit. Und sie war damit nicht allein, sondern an der Seite anderer Frauen.

Maria Pawlowna lernte viel bei der Realisierung der ersten russischen Kollektion Coco Chanels. Gemeinsam feierten sie den überwältigenden Erfolg der Schau – nicht nur für Chanel, sondern auch für Maria Pawlowna. Gerade ihre Modelle fanden bei den Kundinnen großen Anklang. Die Nachfrage war so rege, dass sie zunächst selbst rund um die Uhr arbeiten und schließlich weitere Mitarbeiterinnen einstellen musste. Auch räumlich veränderte sie sich. Nun konnte sie sich Atelierräume in der rue Montaigne, einer überaus vornehmen Gegend, leisten. Um ihre Selbstständigkeit zu betonen, gab sie ihrer Firma einen eigenen Namen: Kitmir. So hieß der Hund in einer persischen Sage, die ihr gut gefiel. Sie hoffte, dass er ihr und ihrem Unternehmen Glück bringen würde. Das Atelier Kitmir beschäftigte zu seiner Blütezeit Mitte der 1920er Jahre 50 Frauen. Es waren vor allem russische Emigrantinnen. Kitmir bestand aus einem Salon, wo sich die Besucher die Modelle und Entwürfe anschauen konnten. Gleich nebenan befand sich der Raum, wo die Strickerinnen arbeiteten.

In ihren Memoiren macht Maria Pawlowna keinen Hehl daraus, dass sie Coco Chanel viel zu verdanken hatte – nicht nur in beruflicher Hinsicht. »Sie lehrte mich, mehr Wert auf meine äußere Erscheinung zu legen. Ich hatte mir vorher wenig Gedanken um meine Kleidung gemacht. Während des Krieges hatte ich überhaupt keine Zeit dazu, mich meinem Aussehen zu widmen – während der Revolution noch weniger. In den ersten beiden Jahren meines Exils trug ich nur Schwarz. Ich hatte völlig vergessen, wie es war, über Kleider nachzudenken. Die erfahrenen Hofdamen, von deren Diensten ich abhängig gewesen war, waren ja längst aus meinem Leben verschwunden. In ihrer üblichen Offenheit wies mich Mlle. Chanel darauf hin, dass es für mich geradezu gefährlich sein könnte, meine Erscheinung zu vernachlässigen. ›Es ist ein großer Fehler, wie ein Flüchtling herumzulaufen. Glaub bloß nicht, dass du damit Sympathie gewinnst; im Gegenteil, die Leute werden dich meiden. Wenn du in deinem Beruf erfolgreich sein willst, ist das erste Gebot, wohlhabend auszusehen‹, riet mir die erfahrene Geschäftsfrau.« Weil Mitleid das letzte war, das sich Maria Pawlowna wünschte, befolgte sie die Ratschläge.

Nach und nach zeigte ihr Coco Chanel, wie sie sich zu kleiden und zu schminken hatte. Sie gab ihr Make up-Tipps und verriet ihr Schönheitstricks, von denen sie nie zuvor gehört hatte. Dabei habe sie mehr über weibliche Psychologie gelernt, als sie sich jemals habe vorstellen können, staunte Maria Pawlowna. Außerdem schickte ihr Coco Chanel eine schwedische Masseurin, die ihr beim Abnehmen half. Der Erfolg blieb nicht aus. »Weißt du, dass du jetzt viel jünger aussiehst als bei unserem ersten Treffen«, freute sich Coco Chanel, nachdem Maria ihre Anweisungen einige Monate lang befolgt hatte. Nun missbilligte sie nur noch Marias langes Haar. Es brachte sie beinahe zur Verzweiflung, denn es sah immer unordentlich aus, weil Maria nicht gelernt hatte, sich zu frisieren. Coco Chanels Haar war damals schon kurz.

Eines Tages hatte die Modeschöpferin genug. Mit den Worten »Ich kann ihn wirklich nicht mehr sehen, diesen hässlichen Knoten in deinem Nacken, es muss etwas geschehen«, nahm sie die Schere und schnitt Maria kurzerhand die Haare ab. Es ging so schnell, dass Maria keine Chance hatte zu protestieren. Mit dem Ergebnis waren allerdings beide nicht zufrieden. Bestürzt schauten sie gemeinsam in den Spiegel. »Aber es war nun einmal geschehen, und seit diesem Tag, ist mein Haar kurz geblieben«, lautete Maria Pawlownas Fazit.

1925 wurde ein Erfolgsjahr für Maria Pawlowna; Kitmir war in der Haute Couture zu einer festen Größe geworden.

Maria Pawlowna hatte so viel Geld verdient, dass sie ein Haus in Boulogne-sur-Seine erwerben konnte. Ihr Selbstbewusstsein als Unternehmerin war erheblich gestiegen. Bald wollte sie nicht mehr exklusiv für Chanel arbeiten. Sie wollte unabhängig sein und expandieren. Warum sollte sie ihre Kooperation auf Chanel beschränken und nicht auch andere Pariser Modehäuser mit ihren Modellen beliefern? Wahrscheinlich war es ein einsamer Entschluss, den Maria Pawlowna traf. Hätte sie Berater hinzugezogen, wäre es vermutlich nicht zum nun folgenden Eklat gekommen, denn diese hätten ihr die Prinzipien und Mechanismen der Branche erklären können. So schlitterte Maria Pawlowna in ihr Unglück.

Coco Chanel war mit ihrem eigenmächtigen Vorgehen nämlich keineswegs einverstanden und bestand auf Exklusivität. Als Maria Pawlowna sich nicht darauf einließ, kündigte sie umgehend die Zusammenarbeit auf. Mehr noch, sie verwehrte ihr sogar den Zutritt zu ihrem Atelier, weil sie fürchtete, Maria könnte hinter einige ihrer Geheimnisse kommen und sie für ihre eigenen Zwecke verwenden. Mit einer so heftigen Reaktion hatte Maria Pawlowna nicht gerechnet. Die Modeschöpferin war in geschäftlicher Hinsicht von unerbittlicher Konsequenz. Wie folgenschwer ihre Entscheidung war, erfuhr Maria Pawlowna sofort. Denn nun musste das unabhängige Label Kitmir selbst für Reklame sorgen. Maria Pawlowna schaltete großformatige Annoncen, in denen sie ihren Status als russische Großfürstin betonte. Die Werbung für das großfürstliche Stickereiatelier erschien in den Modejournalen *Vogue* und *Jardin des Modes*. Maria Pawlowna war zuversichtlich, vertraute auf ihre Kreativität und auf ihren Namen. Der Erfolg gab ihr zunächst recht. Sie wurde eingeladen, in den Sommermonaten 1925 mit ihren Kreationen bei der Internationen Ausstellung für Dekorative Kunst in Paris teilzunehmen. Ein ganz neuer Stil wurde auf der »Expositon des Arts Décoratifs et Industriels Modernes« ins Leben gerufen: Art déco. Der Name leitete sich von dem Titel der Ausstellung ab. Künstler, Kunsthandwerker, Architekten, Modeschöpfer, Goldschmiede fanden sich in dieser neuen Stilrichtung zusammen, die den Jugendstil weiterentwickelte. Dessen florale und organische Motive wurden geometrisch stilisiert. Einfachheit, Klarheit und Eleganz lauteten die Maximen. Zentrum der Bewegung war Paris.

Im großen Pavillon der Ausstellung präsentierte sich der Stand des Atelier Kitmir. Seine Inhaberin war »Son Altesse Impériale la grande Duchesse Marie de Russie«. So stand es in den von Maria Pawlowna geschalteten Annoncen. Doch nicht nur aus diesem Grund war die Resonanz enorm. Die Kleider, Blusen und Schals mit exzellenten Stickereien, die an russischer Volkskunst orientiert waren, gefielen dem Publikum, den Organisatoren und den Kritikern gleichermaßen. So sehr, dass das Atelier sogar eine Auszeichnung erhielt: »Monsieur Kitmir« wurde eine Goldmedaille und ein Ehrendiplom von den Organisatoren der Schau verliehen. Anscheinend hatte man Maria Pawlownas Ankündigung nicht für bare Münze genommen. Zwar arbeiteten damals viele russische Emigrantinnen in der Modebranche, aber nicht an der Spitze eines Unternehmens. Das blieb Männern vorbehalten. Maria Pawlowna macht sich in ihren Memoiren zwar über ihre Vermännlichung lustig, aber die Freude über die Auszeichnung überwog. Sie fühlte sich bestätigt.

Sie war auf dem richtigen Weg. Aus der reichen russischen Großfürstin, die sich als privilegiertes Mitglied der Zarenfamilie bisher nicht um die Sicherung ihres Lebensunterhalts hatte kümmern müssen, war eine selbstständige Unternehmerin geworden. Nachdem sie die Träume von der Rückkehr der alten Ordnung in Russland aufgegeben hatte, war sie in der Lage gewesen, rasch die Konsequenzen zu ziehen und sich in den neuen Umständen zurechtzufinden. Darauf war sie stolz.

Das Hochgefühl sollte jedoch nicht lange anhalten. Maria Pawlowna bekam die Launen der Branche hautnah zu spüren. Die Trends waren kurzlebig. Der Aufstieg der Firma Kitmir wurde jäh gebremst, als das Interesse an russischen Stickereien in der Modewelt rapide sank. Innerhalb von nur drei Jahren ging es abwärts mit Kitmir, und 1928 sah sich Maria Pawlowna gezwungen, ihr mittlerweile hoch verschuldetes Atelier zu verkaufen. Es wurde von der Firma Fitel et Irel übernommen. Selbstkritisch erklärte Maria Pawlowna in ihren Memoiren, ihre völlige Unkenntnis betriebswirtschaftlicher Prinzipien habe letztlich zum Niedergang ihres Unternehmens geführt. Kostenplanungen, Kalkulationen, Bilanzen waren Neuland für sie. Locker ging sie damit um und improvisierte in Bereichen, in denen es nicht angemessen war. Eine in Fragen der Ökonomie unerfahrene russische Großfürstin sah sich versierten Händlern – Verkäufern wie Einkäufern – gegenüber, die ihre Naivität gnadenlos ausnutzten. Auch das war eine neue Erfahrung für sie: Wenn es um Profit ging, nahm man auf ihren Titel keine Rücksicht. Ihr Status zählte in diesem Bereich des Geschäftslebens nicht. Nachträglich bereute sie zutiefst, die fruchtbare Zusammenarbeit mit Chanel aufs Spiel gesetzt zu haben, die ihr eine gewisse Sicherheit garantiert hätte.

Doch Maria Pawlowna gab nicht auf, sondern hatte bereits eine neue Idee: Parfum. Nachdem Chanel N° 5 seinen weltweiten Siegeszug angetreten hatte, gab es viele Versuche, an diesen Erfolg anzuknüpfen. Das Haus Coty schuf einen ähnlichen Duft namens Aimant, der jedoch nicht reüssierte. Felix Jussupoff, der mittlerweile mit seiner Frau Irina in Frankreich lebte, kreierte ein Parfum namens Irfé – benannt nach Irina und Felix, – und Maria Pawlowna erfand Knjaz Igor – Fürst Igor. Doch zu diesem Zeitpunkt war der französische Markt längst gesättigt, so dass sie versuchte, es in England durchzusetzen. 1928 ging sie nach London, um dort ihr neues Projekt zu lancieren. Das Parfum wurde zwar produziert und vertrieben, aber der Erfolg blieb aus. Knjaz Igor ereilte das gleiche Schicksal wie Kitmir. In ihren Memoiren bezeichnet Maria Pawlowna die Monate in London als eine schlimme Zeit, in der sie sich als »Unglücksmensch« fühlte und zu verzweifeln drohte. Doch sie richtete sich selbst wieder auf, indem sie schonungslos Bilanz zog: »Es war unumstößliche Tatsache, dass ich keinen Erfolg gehabt hatte. Ich hatte nach etwas gestrebt, das jenseits meiner begrenzten Erfahrung lag. Warum dieser Tatsache nicht ins Auge sehen? Warum nicht noch einmal von vorn anfangen?«

Wieder galt es, sich nach neuen Möglichkeiten der Existenzsicherung umzusehen. Parallel zu ihren Aktivitäten in der Mode- und Parfumwelt hatte Maria Pawlowna Ende der 1920er Jahre ein weiteres kreatives Betätigungsfeld für sich entdeckt: das Schreiben. Dazu angeregt worden war sie durch Felix Jussupoff, der seine Memoiren unter dem Titel *Rasputins Ende* überaus erfolgreich verkaufte. Nicht nur Jussupoff hatte Aufregendes erlebt, auch ihre eigene Geschichte trug abenteuerliche Züge. Sie hatte längst den Plan gefasst, sie zu erzählen, als die schwedische Zeitschrift *Vecko-Journalen* an sie herantrat und ihr das Angebot unterbreitete, ihre *Erinnerungen* als Fortsetzungsserie zu publizieren. Maria Pawlowna war Feuer und Flamme. Sie begann umgehend mit der Arbeit, beschrieb ihre Kindheit und Jugend in Russland, die kurze Episode am schwedischen Königshof, ihre Fluchten und ihr Leben in Frankreich. Die einzelnen Folgen erschienen zwischen 1928 und 1930. In dieser Zeit lernte sie die Frau des amerikanischen Verlegers Hearst kennen, die sie nach Amerika einlud. Maria Pawlowna nahm die Einladung, ohne zu zögern, an. Nach dem Niedergang von Kitmir und dem Misserfolg von Knjaz Igor hielt sie nichts mehr in Europa. Ihre alte Welt hatte aufgehört zu existieren, vielleicht würde sich in der sogenannten »Neuen Welt«, dem Land der unbegrenzten Möglichkeiten, ein neues, beruflich vielversprechendes Terrain für sie auftun.

Trotz aller Rückschläge war Maria Pawlowna optimistisch und unternehmungslustig. Von ihrem Ehemann Sergej Putjatin hatte sie sich bereits 1927 scheiden lassen. Das Scheitern ihrer zweiten Ehe begründete Maria Pawlowna mit der Verschiedenheit ihrer Charaktere und daraus resultierenden Lebenseinstellungen. Wie schon bei ihrem ersten Ehemann Prinz Wilhelm bemängelte sie auch bei Putjatin Initiativelosigkeit, Passivität, mangelnden Ehrgeiz und fehlende Neugier. Während sie in ihrem Atelier hart arbeitete, ging er seinen Vergnügungen nach. Sie missbilligte seine Auffassung von Exil als verlängerter Ferien. Hatte Maria Pawlowna bei ihrer Ehe mit Wilhelm darauf verwiesen, dass es sich um die Verbindung einer kaiserlichen mit einer königlichen Hoheit handelte, so war der Standesunterschied in ihrer zweiten Ehe noch weitaus größer, das Gefälle tiefer. Das wurde besonders deutlich, wenn sich das Paar mit anderen russischen Emigranten oder Bekannten aus Marias Zeit am schwedischen Königshof traf. Putjatin wurde kaum beachtet und lediglich als Anhängsel seiner Frau angesehen. Dmitri berichtet, dass sich sein Schwager in solchen Situationen nicht zurückhielt, sondern aufbegehrte und das enfant terrible spielte. Doch Dmitri hatte Verständnis für Putjatins Verhalten und kritisierte seine Schwester. Er hatte in London selbst unter ihrer Dominanz und Herrschsucht gelitten.

Dmitri glaubte auch, dass gerade die große Liebe Putjatins zu seiner Schwester diesem zum Verhängnis wurde, denn Maria lehnte Liebesgeständnisse, Gefühlsausbrüche, offen zur Schau getragene Leidenschaft ab. Damit verletzte sie Putjatin und vermittelte ihm sogar das Gefühl, ihr lästig zu sein. Dmitri betonte in diesem Zusammenhang den überaus schwierigen Charakter seiner Schwester, vor der man nur bestehen könne, wenn man selbst Stärke zeigte. Davon war Putjatin weit entfernt. Besonders missfiel Dmitri Marias Egozentrik in finanziellen Belangen. Sie sprach ausschließlich von ihrem Geld, ihrem Haus, ihrem Atelier und hielt Putjatin vor, auf ihre Kosten zu leben. Das entsprach zwar den Tatsachen. Doch indem sie ihn als Versager abstempelte, ermutigte sie ihn nicht dazu, sich um eine lukrative Stelle zu bemühen. So war es natürlich auch wieder sie, die ihm eine Anstellung in einer Bank besorgte. Schließlich verlor Maria Pawlowna die Geduld und reichte die Scheidung ein. In ihrer Autobiografie berichtet sie nur beiläufig darüber und kommentiert die Trennung von Putjatin lakonisch: »Ich war wieder frei.«

Kapitel 16
Aufbruch in die »Neue Welt«

Maria Pawlownas Aufbruch in die »Neue Welt« war gleichzeitig ein Aufbruch in die Öffentlichkeit. Hatte sie in Schweden noch darüber geklagt, dass ihr Privatleben in der königlichen Familie zu wenig abgeschirmt war – in Russland hatte
sie das ganz anders erlebt –, so erkannte sie in Amerika sehr
rasch, dass sie ihren Namen und ihre Herkunft erfolgreich
vermarkten konnte. Ihr Empfang in New York, der von einem riesigen Medienecho begleitet war, hatte ihr das bereits
eindrucksvoll demonstriert. Die Vorurteile, mit denen sie
nach Amerika kam, wurden überstrahlt von dem Mythos
des Landes der unbegrenzten Möglichkeiten.

1928 reiste Maria Pawlowna auf Einladung der Frau des
Medienmoguls William Randolph Hearst zum ersten Mal
nach Amerika. Sie wollte Kontakte zu einflussreichen Kreisen knüpfen und für ein Wohltätigkeitsprojekt in Paris werben. Millicent Hearst sorgte dafür, dass sie die richtigen
Leute kennenlernte. Maria blieb sechs Monate und erhielt
von dem noblen Warenhaus Bergdorf Goodman ein hoch-
dotiertes Angebot, als Modeberaterin zu arbeiten.

Auch die Kosmetikfirma Elizabeth Arden war an einer
Zusammenarbeit mit der Großfürstin interessiert, ohne ihr
jedoch einen konkreten Aufgabenbereich zu nennen. Außerdem fragte ein großes Verlagshaus an, ob sie ihre Autobiografie schreiben würde. Amerika bemühte sich um sie –
viel stärker und konkreter, als sie es erwartet hatte. Was hielt
sie also noch in Europa? Zurück in Frankreich verkaufte sie

ihr Haus in Boulogne-sur-Seine. Davon konnte sie zumindest einen Teil der Schulden bezahlen, die durch ihre geschäftlichen Misserfolge mit Kitmir und Knjaz Igor aufgelaufen waren. Sie war wieder einmal frei für einen Neuanfang.

Am Neujahrstag 1929 schrieb sie in ihr Tagebuch: »Nicht ohne Aufregung beginne ich dieses neue Jahr. Man hat mir vorausgesagt, dass in diesem Jahr alle meine Schwierigkeiten zu Ende gehen und eine neue Periode des Wohlergehens beginnen würde. Es wird Zeit! In der Tasche habe ich nur noch 400 Dollar. Nur im Kopf habe ich eine Fülle von verrückten Plänen und Ideen, das ist mein ganzer Reichtum! Unter solchen Bedingungen ist es wirklich mutig, sich auf einen so weiten Weg zu machen. Aber Gott wird helfen, muss helfen.«

Als sie am 10. August 1929 auf dem Schiff Vulkania Europa verließ, konnte sie nicht ahnen, dass sie erst zwanzig Jahre später zurückkehren würde. Sie kam zwar zwischenzeitlich immer wieder für einige Tage nach Europa, aber ihr Zuhause wurde Amerika. Es war eine mutige Entscheidung, denn sie verließ nicht nur den ihr vertrauten Kontinent, sondern auch die aristokratischen Netzwerke und Emigrantenzirkel, auf die sie in Europa und ganz besonders in Paris zurückgreifen konnte. Anders als in Paris oder Berlin bildeten die russischen Emigranten in Amerika damals keine Gemeinschaft, sondern waren bestrebt, sich rasch in die Gesellschaft zu integrieren.

Maria Pawlowna pflegte nur wenige Freundschaften oder tiefere Bindungen. Die einzige Ausnahme war das Verhältnis zu ihrem Bruder. Zum Zeitpunkt ihrer Auswanderung war selbst dieses getrübt. Dmitri lehnte die Art und Weise ab, wie sie mit ihrem zweiten Ehemann umgegangen war, und hatte sich mehr und mehr von ihr zurückgezogen. Bereits von Anfang an, als Maria ihre »Liebesheirat« angekündigt und ihren Verlobten als schüchtern und zurückhaltend beschrieben hatte, war Dmitri pessimistisch gewesen. Er hätte seiner Schwester einen anderen Partner gewünscht: einen dominanten, willensstarken. Seiner Meinung nach hätte es ihrer Persönlichkeitsentwicklung gutgetan.

Gleich bei ihrem ersten Aufenthalt in Amerika hatte sich Maria Pawlowna vom »American Way of Life« mitreißen lassen. In ihrem Tagebuch jubelt sie, es sei das richtige Land für sie, in dem sie endlich ihren Platz finden würde. Sie fühlte sich getragen von einem Strom von Energie, der alles möglich scheinen ließ. »Es ist dasselbe Gefühl wie in der Jugend, wenn es einem vor Lebensfreude schwindlig wird und sich im Hals ein Kloß festsetzt. Ein herrliches Gefühl. Man fürchtet sich vor nichts, möchte alles anpacken, ist vollkommen von seinem Erfolg überzeugt.« Demgegenüber empfand sie Europa als apathisch, kleinlich und altmodisch. Sowohl in Russland als auch in Paris war sie immer wieder auf ein Gespinst aus Intrigen gestoßen, von dem sie jetzt wusste, dass es die Menschen lähmte und ihnen Kräfte raubte. In Amerika verspürte sie Begeisterung und Enthusiasmus. Was sie jedoch von Anfang an störte, waren die mangelhaften Umgangsformen der Amerikaner. Die Kommunikation war ihr zu laut und zu oberflächlich. Dass sich die Menschen ständig Nettigkeiten sagten, ging ihr auf die Nerven. Das andere Extrem bildete flegelhaftes Benehmen, das Fehlen jeglicher Distanz. Hatte sie in Russland den großen Abstand beklagt, mit dem Tante Elisabeth und die meisten anderen Verwandten ihr begegneten, so störte sie nun die demonstrative Nähe vieler Menschen. Kaum hatte man sich einmal gesehen, schon gab man vor, sich zu kennen. Das ging ihr viel zu schnell. Sie musste sich auch erst daran gewöhnen, dass das Streben nach Profit unverhohlen als Lebensziel genannt wurde. Furchterregend und erbarmungslos fand sie den »Dienst am Mammon«, den sie mit dem Geschehen im Casino von Monte Carlo verglich. Sie spricht in diesem Zusammenhang von Vulgarität, was bei ihr das Gegenteil von Distinktion und Adel bedeutet.

Anfang September 1929 nahm Maria Pawlowna die im Jahr zuvor angebotene Stelle an: Modeberaterin beim traditionsreichen Nobelkaufhaus Bergdorf Goodman. Bei der Vertragsunterzeichnung war die Presse zugegen. Offensichtlich stand die russische Großfürstin im Zentrum einer neuen Werbkampagne. Hatte Maria ursprünglich angenommen, wegen ihrer kreativen Fähigkeiten und Erfahrungen bei Kitmir ausgewählt worden zu sein, so musste sie nun erkennen, dass vielmehr ihr Titel der Grund dafür war. Statt Modelle zu entwerfen, sollte sie Kundinnen beraten. Obwohl es ihr missfiel, angestarrt und nach ihrer Vergangenheit befragt zu werden, war sie erfolgreich. Mit ihrer Disziplin und Contenance nahm sie die anderen Menschen für sich ein. Allmählich gewöhnte sie sich an den Medienrummel um ihre Person: In den Zeitungen, im Radio und in den Wochenschauen wurde über die hochherrschaftliche Beratung bei Bergdorf Goodman berichtet. Nach zwei Monaten erhielt sie endlich ein eigenes Atelier, konnte aufhören, bloße Dekoration zu sein und der Arbeit nachgehen, die ihr Freude bereitete: Modelle für das Warenhaus entwerfen.

Daneben begann sie eine umfangreiche Vortragstätigkeit und entdeckte, dass sie gern vor Menschen sprach. Nicht ohne Eitelkeit vermerkte sie, dass sie das Publikum fesseln konnte. Schon in ihren ersten Monaten in New York hatte Maria Pawlowna ein hohes Einkommen, welches sich aus dem Gehalt von Bergdorf Goodman sowie den Honoraren für die Vorträge und die wöchentliche Publikation ihrer Lebensgeschichte im *Vecko Journalen* zusammensetzte. In ihrem Tagebuch verkündete sie: »Ich bin reich!«

Maria Pawlowna lebte in einer Drei-Zimmer-Wohnung und beschäftigte ein Hausmädchen. Ihr Freundes- und Bekanntenkreis bestand in erster Linie aus wohlhabenden Amerikanern. Über das Ehepaar Hearst hatte sie die meisten Leute kennengelernt. Darunter auch Elizabeth Marbury, eine Literaturagentin, die ihr den Einstieg in die amerikanische Kulturszene erleichtern wollte. Sie empfahl Maria Pawlowna, die ersten Kapitel ihrer *Erinnerungen*, die bereits in der schwedischen Wochenzeitschrift erschienen waren, noch einmal zu überarbeiten. Diesmal schrieb Maria Pawlowna auf Russisch. Testweise las sie russischen Bekannten daraus vor. Doch deren Beifall reichte ihr nicht. Sie wandte sich an einen professionellen Lektor, der den Text nicht nur korrigierte, sondern auch ins Englische übersetzte. Außerdem zog sie einen Literaturkritiker hinzu, der Schreibkurse für Autoren gab. Sie wollte alles richtig machen und setzte große Hoffnungen auf diese neue kreative Aufgabe. »Schreibe wieder sehr viel«, notierte sie im Dezember 1929 in ihrem Tagebuch. »Die Vielfalt meiner Beschäftigungen macht mich oft unsicher. Ich schreibe und kreiere Modelle. Konzentration braucht man für beides. Mein Kopf ist oft völlig leer, aber da ich wenig ausgehe, bin ich körperlich nicht erschöpft. Am Vormittag sind mir zwei Seiten sehr gut gelungen, nachdem ich in den letzten zehn Tagen kaum vom Fleck gekommen bin. Ich schreibe ein Kapitel über die Vertreibung, und das ist sehr schwer. Ich möchte die Wahrheit schreiben, die Gefühle so schildern, wie sie tatsächlich waren. Manchmal – sehr selten – gelingt mir das, was ich will.« Einen Monat später berichtete sie: »Ich schreibe immer wieder das erste Kapitel meines Buches neu, weil es mich immer noch nicht ganz befriedigt. Ein Trost nur, dass Tolstoj endlos änderte, seine Frau schrieb die Manuskripte bis zu achtmal ab.«

Der erste Band ihrer Memoiren erschien 1930 unter dem Titel *Education of a Princess* im New Yorker Verlag The Viking Press, parallel dazu arbeitete sie an einem zweiten Teil, der 1932 publiziert wurde: *A Princess in Exile*. Beide Bücher wurden in den folgenden Jahren in mehrere Sprachen übersetzt. Schon vor der Publikation ihres ersten Buches hatte die mittlerweile Vierzigjährige ihrem Tagebuch anvertraut: »Lieber Gott, wie ich es herbeisehne, Schriftstellerin zu werden. Mein ganzes Leben würde sich verändern, und ich hätte dann ein Ziel. Es wäre auch das Richtige für mein vorgerücktes Alter. Der Erfolg dieses Buches bedeutet alles für mein Leben! Alles hängt von diesem Buch ab.« Etwas später war sie davon überzeugt: »Es ist nur die Literatur, die mich reich machen kann.« Sie hatte sich nicht getäuscht: Der erste Band ihrer Memoiren wurde ein riesiger Erfolg – nicht nur medial, sondern auch kommerziell. In einem Interview von 1932 gab sie stolz bekannt, sie habe 40 000 Dollar damit verdient. Eine respektable Summe, vor allem wenn man bedenkt, dass es sich um die Zeit des Börsencrash und der Weltwirtschaftskrise handelte.

Maria Pawlowna fühlte sich als Schriftstellerin und empfand diese Identität als neue Freiheit, denn es gab so viele Themen, über die sie schreiben könne. »Ich bin eine S-c-h-r-i-f-t-s-t-e-l-l-e-r-i-n! Wer hätte das in der Tat denken können«, jubelte sie im Februar 1930. Sie verstand das Schreiben als sinnvolle kreative Tätigkeit. Sie sah sich weniger als Lehrerin, denn als Geschichtenerzählerin mit dem Ziel, jungen Menschen unterschiedliche Lebenswege und Existenzformen vorzustellen. Vielleicht könnte sie dadurch Menschen in Krisen Mut machen. »Das ist mein Traum«, notierte sie in ihren Aufzeichnungen.

Von den Tantiemen ihrer beiden Bücher konnte Maria Pawlowna bis Mitte der 1930er Jahre gut leben. Damals war in den USA das Interesse an allem, was mit dem russischen Zarenreich und der Romanow-Dynastie zusammenhing, sehr groß. Mittlerweile waren immer wieder Personen aufgetaucht, die behaupteten, überlebende Mitglieder der Zarenfamilie zu sein. Die berühmteste, eine aus Polen stammende Frau, die sich in Berlin als jüngste Zarentochter Anastasia ausgab und später Anna Anderson nannte, hielt sich auf Einladung in Amerika auf. Maria war sich sicher, dass es sich um eine Schwindlerin handelte, und verweigerte die Begegnung mit ihr. Sie konzentrierte sich auf ihre eigenen Publikationen und die damit verbundenen Auftritte, Interviews und Veranstaltungen, wie Lesungen in Oxford und Cambridge. Außerdem plante Metro-Goldwyn-Mayer eine Verfilmung ihrer Memoiren – mit Greta Garbo in der Hauptrolle. Auch wenn dieses Projekt nie realisiert wurde, zeigt es dennoch, welch exponierte Rolle Maria Pawlowna damals in der amerikanischen Kulturszene spielte.

Parallel zu ihrer schriftstellerischen Arbeit begann Maria Pawlowna, journalistisch zu arbeiten. Anfang der 1930er Jahre vertiefte sie ihre Zusammenarbeit mit dem *Vecko Journalen*. Dieses Magazin, das im Bonnier Verlag erschien und sich an ein gehobenes schwedisches Lesepublikum wandte, war sehr an der Kooperation mit der russischen Großfürstin und ehemaligen schwedischen Prinzessin interessiert. Schließlich hatte es seine Auflage durch den Abdruck ihrer Memoiren 1929 verdoppeln können. Maria Pawlowna schlug einen Reisebericht über Indien vor. Sie hatte das Land vor vielen Jahren zusammen mit Prinz Wilhelm bereist. Es hatte einen großen Zauber auf sie ausgeübt, der nicht verblasst war. Der Verlag willigte ein, und der Reisebericht erschien als Fortsetzungsserie. Gleich in der ersten Folge betonte Maria Pawlowna, wie wichtig es für sie sei, die westliche Zivilisation hin und wieder zu verlassen und sich in eine Welt zu begeben, in der sie das fand, was sie in Russland zurückgelassen und nirgendwo wiedergefunden hatte: Spiritualität, Magie und eine im Westen unbekannte Form von Lebensfreude. All das schien sie in Indien reichlich ausgekostet zu haben, denn aus einer ursprünglich für sechs Monate geplanten Reise waren eineinhalb Jahre geworden.

1934 eröffnete sie ein Fotostudio in New York. Es hatte sich als sinnvoll erwiesen, ihre Reiseberichte mit eigenen Fotos zu illustrieren. Die Fotografie war ein Medium, mit dem sie sich seit ihrer Zeit als Krankenschwester in Pskow zunehmend beschäftigte. Das Spiel von Licht und Schatten faszinierte sie. In ihrem Studio porträtierte Maria Pawlowna anfangs vor allem Prominente und wurde zeitweise als »Society's No 1 Photographer« apostrophiert. Von einer Ausstellung in Chicago im Winter 1938 ist die Rede, doch zu diesem Zeitpunkt scheint sie das Fotostudio schon wieder geschlossen zu haben.

Ihr nächstes Projekt mit dem Bonnier Verlag war die Berichterstattung über eine ausgedehnte Europareise: Sie begann im Mai 1937 in London, wo Maria Pawlowna über die Krönung Georges VI. berichtete. Sein Vorgänger Edward VIII. hatte 1936 abgedankt, weil er die geschiedene Amerikanerin Wallis Simpson heiraten wollte. Maria Pawlowna wurde mit einem Thema konfrontiert, das sie schon aus dem Zarenreich kannte und dessen Auswirkung sie als Kind am eigenen Leib gespürt hatte: morganatische Ehen, Entscheidungen für die Liebe und gegen die Familienpflicht und deren Folgen.

Maria Pawlowna befand sich bei den Londoner Festlichkeiten in einer etwas delikaten Situation: Unter den Hochzeitsgästen waren viele ihrer Verwandten, sie nahm als Journalistin teil. Doch es war ihr nicht peinlich. Im Gegenteil, sie betonte, in dieser Funktion Dinge wahrnehmen zu können, die sie sonst niemals bemerkt hätte. Offensiv bekannte sie sich zu ihrer Arbeit und unterschrieb ihre Artikel mit Grand Duchess Marie.

Nach dem Erfolg ihres Berichts, der auch in Amerika erschien, wollten die amerikanischen Frauenmagazine Maria Pawlownas hervorragende Kontakte zur Aristokratie für Homestories aus den Herrscherhäusern nutzen. Doch dagegen verwahrte sie sich entschieden. Sie hatte kein Interesse an der Hofberichterstattung, vor allem nicht, wenn es um private Frauenthemen wie Kleidung und Schminkgewohnheiten oder andere Nähkästchenplaudereien ging. Von Angeboten dieser Art fühlte sie sich sowohl als Mitglied der europäischen Hocharistokratie als auch als Journalistin in ihrer Ehre gekränkt.

Im Gegensatz dazu hatte sie keine Probleme, als Stilberaterin in der amerikanischen *Vogue* und in *Harper's Bazaar* aufzutreten. So schrieb sie Reportagen über die Geschichte des Nagellacks und über die veränderte Haltung der Frauen zum Alter. Darin stellt sie eine gewisse moderne Alterslosigkeit fest – verglichen mit der Einstellung der Frauen des 19. Jahrhunderts. Die moderne Lebensweise – Kosmetik, Sport, weibliches Selbstbewusstsein – schienen den Alterungsprozess aufzuhalten. Ein anderer Text aus dieser Zeit trägt den Titel »Reflections from Paris« und behandelt die Einflüsse Amerikas auf die französische Mode.

Maria Pawlowna machte unmissverständlich deutlich, dass sie ernsthaft arbeiten wollte, und recherchierte stets gründlich. In ihrem Artikel über die britischen Krönungsfeierlichkeiten spürt man ihre Bewunderung für die britische Monarchie, der es gelungen war, ihre Grundprinzipien zu bewahren und gleichzeitig den Erfordernissen der Zeit Rechnung zu tragen. Ganz anders als in Russland war dem Volk die geforderte Mitbestimmung gewährt worden. Maria Pawlowna bekannte sich zur Volkssouveränität innerhalb der Monarchie und forderte eine Verfassung, welche die Rechte des Herrschers klar definierte und begrenzte.

Dem Verhältnis des jeweiligen Machthabers zu seinem

Volk widmete sich Maria Pawlowna auch in ihren Berichten über Jugoslawien, Bulgarien und Rumänien. Doch dabei versagte manchmal ihre Kritikfähigkeit, besonders im Fall Bulgariens, wo König Boris III. sein Volk mit eiserner Hand regierte. König Karol von Rumänien gelang es ebenfalls, ihr zu suggerieren, dass er das Volk hinter sich habe.

Nächster Programmpunkt ihrer Reportagereise war ein Interview mit der Reichsfrauenführerin Gertrud Scholtz-Klink in Deutschland. Hier zeigte sich Maria Pawlowna in ihrer Berichterstattung weitaus kritischer. Sie bemängelte, dass die Aussagen ihrer Gesprächspartnerin lediglich ideologische Statements waren. Die Reichsfrauenführerin schien genau instruiert worden zu sein, was sie äußern durfte und worüber sie zu schweigen hatte. Maria Pawlowna war davon gelangweilt und fühlte sich gleichzeitig in ihren Vorbehalten gegen das »merkwürdige neue System« bestätigt, wie sie den Nationalsozialismus bezeichnete. Sie beleuchtete die Machtstrukturen, die von der Reichsfrauenführerin repräsentiert wurden, von verschiedenen Seiten und empfahl ihren Lesern, die Entwicklung des Landes im Auge zu behalten und genau hinzuschauen.

Maria Pawlownas Interesse für die Reichsfrauenführerin stand in Zusammenhang mit ihrer Beschäftigung mit weiblichen Lebensläufen: Wie lebten Frauen in unterschiedlichen Kulturen und in verschiedenen Epochen? Immer wieder wandte sie sich den großen Frauen der russischen Geschichte zu, allen voran Katharina II. Im zweiten Band ihrer Autobiografie, *A Princess in Exile*, richtet sie ihren Blick auf faszinierende Frauen der Gegenwart. Sie erstellt Kurzporträts von Königin Marie von Rumänien, Königin Elisabeth von

Belgien, Coco Chanel und von ihrer Tante Elisabeth. Aus der Distanz bringt sie nun Verständnis auf für das Verhalten ihrer Tante, unter dem sie als Kind und junge Frau sehr gelitten hat. Sie hebt deren Eigenständigkeit und Mut hervor. Hatte sie sich ihrem Mann zunächst völlig untergeordnet, so befreite sie sich nach seinem Tod radikal von allem, was mit dem gemeinsamen Leben zusammenhing. Maria Pawlowna äußert offene Bewunderung für die Energie und Durchsetzungskraft der Tante, die ihren Traum, ein eigenes Kloster zu gründen, in die Tat umgesetzt hatte.

Die Eigenschaften, die sie in ihren Frauenporträts lobte, waren jedes Mal die gleichen und letztlich ihre eigenen: der Mut, etwas Neues zu beginnen, die Energie, die zur Umsetzung notwendig war, und das Durchhaltevermögen. Auf diese Eigenschaften war sie stolz. Auch wenn ihre Projekte nicht erfolgreich waren, so hatte sie sich doch nicht entmutigen lassen. Resignation und Zaghaftigkeit, Untätigkeit und Faulheit verachtete sie. Da war sie ihrer ehemaligen Geschäftspartnerin Coco Chanel ähnlich. In ihrem Porträt bedenkt sie die Selfmadefrau mit Superlativen. Niemals habe sie einen Menschen kennengelernt, der andere so wirkungsvoll von seinen Ideen überzeugen und mitreißen konnte. Sogar die Konsequenz der Modeschöpferin findet ihre Anerkennung, obwohl diese letztlich der Grund für Maria Pawlownas Misserfolg mit Kitmir war. Doch sie trug Coco Chanel nicht nach, dass sie ihr keine zweite Chance gegeben hatte.

Während ihrer Reportagereisen in der zweiten Hälfte der 1930er Jahre wurde Maria Pawlowna schmerzlich bewusst, dass sie staatenlos war. In der ersten Zeit in Amerika hatte das keine Auswirkungen gehabt, doch unterwegs geriet sie immer wieder in Unannehmlichkeiten, denn sie brauchte für jedes Land ein Visum. Oft machte man es ihr sogar besonders schwer, indem man betonte, einer russischen Großfürstin keine Sonderrechte einräumen zu wollen. In dieser Situation bat sie ihren ehemaligen Schwiegervater, König Gustaf V. von Schweden, um Hilfe. Sich mit ihm in Verbindung zu setzen, fiel ihr nicht leicht. Schließlich hatte sie sich in ihrer Autobiografie, die als Vorabdruck im *Vecko Journalen* erschienen war, nicht gerade schmeichelhaft über den schwedischen Königshof und seine Mitglieder geäußert. Auch ihrem Sohn Lennart, mit dem sie erst seit kurzer Zeit wieder in Verbindung stand, hatte sie sich anvertraut. Er legte bei seinem Großvater ein gutes Wort für sie ein und hatte Erfolg: Im Dezember 1937 erhielt sie die schwedische Staatsbürgerschaft. Für Maria Pawlowna bedeutete der schwedische Pass nicht nur eine immense Erleichterung ihrer Arbeit, sondern auch ein Stück Geborgenheit. Das schwedische Königshaus hatte ihr nachträglich Schutz gewährt, obwohl es offiziell nicht dazu verpflichtet war. Ein Stückweit empfand sie es allerdings als Niederlage, denn sie hatte wieder einmal einen Sonderstatus qua Herkunft erlangt, der ihre Selbstständigkeit schmälerte.

Wie kurzlebig ihre beruflichen Erfolge waren, musste sie bald erfahren. Als sie dem Bonnier Verlag anbot, regelmäßig für ihn zu arbeiten und eine entsprechende Vereinbarung treffen wollte, zeigte sich dieser zögerlich. Nach wie vor war er an ihren Artikeln interessiert, wollte sie aber jeweils auf Honorarbasis abgelten und empfahl ihr, die Texte auch amerikanischen Magazinen anzubieten.

In dieser Situation begann Maria Pawlowna ein unstetes Wanderleben zwischen Amerika und Europa. Sie fotografierte für eine amerikanische Kreuzfahrtgesellschaft, für die amerikanische *Vogue* und das *Vecko Journalen* und kaufte sich eine Wohnung in Monte Carlo. Dort wollte sie die Hälfte des Jahres verbringen. Weil sie während der anderen Hälfte beinahe ununterbrochen unterwegs war – sie musste arbeiten, um das kostspielige europäische Domizil zu finanzieren –, gab sie ihre New Yorker Wohnung auf und lebte bei einer Freundin.

Das gemeinsame Geschenk ihres ehemaligen Schwiegervaters und ihres Sohnes zu ihrem 49. Geburtstag im April 1939 brachte schließlich etwas mehr Ruhe in ihr Dasein. Maria Pawlowna erhielt von ihnen monatlich eine beträchtliche finanzielle Unterstützung, von der sie in den nächsten Jahren ihre Europaaufenthalte begleichen konnte. Diese unerwartete Gabe inspirierte Maria Pawlowna sofort zu einer neuen Geschäftsidee. Sie plante eine Rückkehr in die Pariser Modewelt. In der französischen Metropole wollte sie ihre Kollektion anfertigen lassen, um sie dann unter ihrem Label in den amerikanischen Großstädten zu vermarkten. Der Ausbruch des Zweiten Weltkriegs vereitelte jedoch ihre Pläne. Immer stärker zweifelte sie daran, ob sie sich wohl am richtigen Ort befand. Sie lehnte es ab, in einem Land zu leben, das drauf und dran war, sich am Kriegsgeschehen zu beteiligen. Konsequenterweise verließ sie die Vereinigten Staaten 1941, als die Amerikaner in den Krieg eintraten. Kurz darauf starb ihr Bruder. Dmitri hatte 1926 die Amerikanerin Anne-Audrey Emery geheiratet und war mit ihr nach London gezogen. In den 1930er Jahren erkrankte Dmitri schwer und wurde nie wieder ganz gesund. Wegen seiner chronischen Tuberkulose lebte er überwiegend in Davos, wo er 1942, mittlerweile von seiner Frau geschieden, starb und begraben wurde.

Maria Pawlownas nächste Station war Argentinien. Auf einer ihrer zahlreichen Reisen hatte sie Elisabeth de Brunière kennengelernt, die in Buenos Aires lebte und für die Kosmetikfirma Elizabeth Arden tätig war. Gemeinsam entwickelten sie den Plan, ein eigenes Kosmetikunternehmen zu gründen. Die Kombination war vielversprechend: Elisabeth de Brunière kannte sich in der Branche bestens aus, und Maria Pawlowna hatte einen werbewirksamen Namen. In Buenos Aires richteten sie sich ein Labor ein und stellten ihre Produkte – Cremes, Lotionen und Schönheitswasser – selbst her. Erneut wählte Maria Pawlowna den Namen Igor – wie seinerzeit bei ihrem Parfum. »Grand Duchess Marie of Russia presents the Productos Igor« stand auf der Verpackung der Kosmetika. Doch wieder war ihrer Geschäftsinitiative kein Glück beschieden. Elisabeth de Brunière reiste nach New York und wurde bei ihrer Rückkehr an der Einreise nach Argentinien gehindert. Vorübergehend konnte Maria Pawlowna die Firma in Buenos Aires am Leben erhalten, allerdings nicht für lange. Elisabeth de Brunière war für Einkauf, Verkauf und Vertrieb zuständig gewesen und Maria Pawlowna in die geschäftlichen Belange nicht eingeweiht. Sie besaß keine Vollmachten. Außerdem hatte sie kein Geld, um die Rohstoffe für die Produktion zu erwerben. Als sich schließlich herausstellte, dass Elisabeth de Brunière gar nicht mehr nach Buenos Aires zurückkehren wollte, suchte Maria Pawlowna einen Sponsor, scheint ihn auch für einen kurzen Zeitraum gefunden zu haben, doch ab 1944 wird die Firma nicht mehr erwähnt.

Kapitel 17
Der wiedergefundene Sohn

Maria Pawlowna begann, ihren Lebensstandard herunter-
zuschrauben. Sie bezog eine kleinere Wohnung in Buenos
Aires, als ihre finanzielle Situation prekär zu werden drohte. Ihre journalistischen Arbeiten ließen sich kaum noch verkaufen. Für ihre Fotos galt dasselbe, außerdem fehlte ihr das
Geld für Filme und Fotopapier. Sie, die Mutige und Einfalls-
reiche, war in eine verzweifelte Lage geraten. Da besann sie
sich einmal mehr auf ihre kreativen Talente. Sie fing wieder
an, zu zeichnen und zu malen, und verkaufte ihre Bilder. Ein
beliebtes Motiv war damals das Interieur luxuriöser Woh-
nungen und Villen. Maria Pawlowna perfektionierte sich
in der Darstellung dieser Innenräume und wurde mit Auf-
trägen belohnt. Doch es war ein unsicheres Leben. Sie konnte nicht planen, ihre Zukunft war ungewiss, und so war sie
erleichtert, als ihr wieder einmal ihr ehemaliger Schwiegervater unter die Arme griff. Im Frühjahr 1944 erhielt sie von
ihm eine größere Geldsumme. Sie hatte nicht ausdrücklich
darum gebeten, in einem Brief allerdings ihre ausweglose Situation erwähnt. Im nächsten Jahr sorgte König Gustaf V.
dann endgültig dafür, dass sie die nächsten Jahre ohne finanzielle Probleme verbringen konnte, indem er ihr eine Art
Apanage zukommen ließ. Sie wusste seine Großzügigkeit
und seinen Großmut zu schätzen. Dass ihr Sohn seinen Anteil daran hatte, war ihr bewusst. Mittlerweile hatten sie wieder regelmäßigen Kontakt miteinander.

Die Fotografie hatte bei der Annäherung von Mutter und

Sohn eine wesentliche Rolle gespielt. Ende der 1930er, Anfang der 1940er Jahre verdiente Lennart Bernadotte damit das Geld für sich und seine Familie. Das war notwendig geworden, weil er 1932 gegen den Willen seines Großvaters die bürgerliche Karin Nissvandt geheiratet hatte. Er verlor mit einem Schlag sämtliche Titel, Privilegien und Orden, wurde zu »Herr Lennart Bernadotte« und hatte keine Ansprüche mehr auf finanzielle Zuwendungen seitens des Königshauses. »Es war wie ein Befreiungsschlag aus der Enge der höfischen Welt«, lautete sein Kommentar. »Wir waren so glücklich, dass wir die ganze Welt hätten umarmen können! All die Bitterkeit und Verhärtung schwand dahin. Wir standen an einer Wasserscheide und wollten nur voranschauen, auf das, was uns an gemeinsamer Arbeit erwartete.«

Der Ort, an dem er und seine Frau ihre gemeinsame Arbeit beginnen wollten, war die Mainau. Bereits 1916 hatte Prinz Lennart als Siebenjähriger die Insel im Bodensee zum ersten Mal besucht – zusammen mit seiner Großmutter Königin Victoria, die aus dem Badischen Herrscherhaus stammte. Die Mainau war ihr mit der Auflage vererbt worden, sie an ihren Sohn Prinz Wilhelm und in Folge an ihren Enkel Lennart zu übertragen. Lennart Bernadotte fuhr unmittelbar nach der Hochzeit mit seiner Frau Karin an den Bodensee, um seine neue Position anzutreten und das renovierungsbedürftige Schloss und den verwilderten Garten in Stand zu setzen. Später erinnerte er sich: »Die Mainau war eine Katastrophe. Ein schwimmender Dschungel, vollkommen heruntergekommen und zugewachsen. Vom See aus hat man das Schloss nicht gesehen, und nur aus zwei Fenstern des Schlosses hat man einen Fetzen vom Bodensee erspähen können. Die Bäume hatten sich auf der Insel so groß und breit gemacht, dass sie alles verdeckten.« Doch der neue Inselherr ließ sich davon nicht abschrecken, sondern gestaltete die Mainau nach seinen Vorstellungen um. Den ersten Tourismusaufschwung erlebte er 1936, doch drei Jahre später verließ er mit seiner Familie das nationalsozialistische Deutschland, ging zurück nach Schweden und machte sein Hobby, die Fotografie, zum Beruf.

In Stockholm schloss Lennart Bernadotte Bekanntschaft mit dem berühmten Kameraproduzenten Victor Hasselblad, mit dem er einige Projekte realisierte, die ihn bis nach Amerika führten. Bald wurde er Chefredakteur der jungen schwedischen Zeitschrift *Foto*. Neben der Fotografie interessierten ihn zunehmend die bewegten Bilder. Er wandte sich mit Begeisterung dem Medium Film zu und gründete 1947, zusammen mit dem Kameramann Olle Nordemar, der später Astrid-Lindgren-Filme produzierte, die Filmgesellschaft Artfilm. Er stellte unter anderem Werbefilme für die schwedische Eisenbahn sowie einige Schulfilme her. 1947 reiste er mit seiner Frau Karin und seinem Vater Prinz Wilhelm in die argentinische Provinz Misiones, wo er den Dokumentarfilm *Schweden in roter Erde* drehte, der das Leben schwedischer Emigranten in der neuen, ungewohnten Umgebung zeigt. Dort fand das Treffen mit seiner Mutter statt, das er in seinen Memoiren erwähnt und bei dem sie ihm freimütig von ihrer Beziehung zu Prinz Wilhelm, der ersten Zeit ihrer Ehe und der Trennung berichtete.

Im selben Jahr schloss Thor Heyerdahl seine berühmte Kon-Tiki-Expedition ab und suchte nach einer Produktionsfirma, die aus seinem umfangreichen Material einen Film herstellte. Der norwegische Naturforscher, der später ein enger Freund Graf Lennarts wurde, hatte mit seinem Floß Kon-Tiki den Pazifik überquert, um zu beweisen, dass die Besiedlung Polynesiens von Südamerika aus erfolgt war. Sein Buch wurde zum Jahrhundert-Bestseller. Die Filme, die er von seiner Expedition mitgebracht hatte, waren Amateurfilme, die zudem durch den Kontakt mit Salzwasser in sehr schlechtem Zustand waren, so dass die meisten Produktionsfirmen den Aufwand scheuten. Doch Lennart Bernadotte und Olle Nordemar produzierten den Film *Kon-Tiki*. Dieses Werk wurde mit zahlreichen internationalen Preisen ausgezeichnet, darunter 1951 mit dem Oscar für den besten Dokumentarfilm.

Ab Anfang der 1980er Jahre widmete sich Lennart Bernadotte dann der Makrofotografie. Nicht mehr den bewegten Bildern galt sein Interesse, sondern einer Expedition ins Pflanzenreich seiner direkten Umgebung. Objekte waren jetzt die Blüten und die Blätter und ihre rätselhafte Struktur. Die technisch ausgereiften Kameras mit ihren lichtstarken Objektiven sowie eigene Experimente mit der Beleuchtung ermöglichten ihm, den Zauber der Miniaturwelt ins Bild zu bannen und das normalerweise Unsichtbare durch makrofotografische Vergrößerung sichtbar zu machen. Plötzlich tat sich das abstrakt anmutende Formenspektrum der Pflanzen vor ihm auf. Er entdeckte ihre verführerische Erotik und gleichzeitig strenge Harmonie. Aus seinen Aufnahmen konzipierte er die Ausstellung *Optische Träume*, die seit den 1980er Jahren mit großem Erfolg weltweit – von New York bis Sankt Petersburg – und immer wieder auf der Mainau gezeigt wird.

Maria Pawlowna besuchte ihren Sohn und seine Familie seit ihrem Treffen in Buenos Aires regelmäßig. Manchmal blieb sie wochenlang auf der Blumeninsel im Bodensee. Während einer dieser Besuche fotografierte Lennart Bernadotte seine Mutter im Arboretum, dem Platz auf der Mainau, den er am meisten liebte. Mittelpunkt des Fotos ist ein riesiger Baum. Erst auf den zweiten Blick ist die ältere Frau davor zu erkennen, zu deren Füßen ein Schäferhund liegt. Sie hat ihren rechten Arm ausgestreckt und berührt mit der Hand den mächtigen Stamm – vorsichtig, eine zärtliche Geste.

Maria Pawlowna entwarf Kleider, nähte, malte und fotografierte auf der Mainau – nun wieder als Hobby. Dank der großzügigen Apanage musste sie nicht mehr arbeiten, um ihren Lebensunterhalt zu verdienen. 1948 erkrankte sie schwer. Sie litt unter Bluthochdruck und seinen Begleiterscheinungen. Ihr Sohn drängte sie, Argentinien zu verlassen und ihren Lebensabend in Deutschland zu verbringen, doch so schnell konnte sie sich nicht von dem Land trennen, in dem sie sich trotz aller Überlebensschwierigkeiten wohlgefühlt hatte. Erst 1952 kehrte sie nach Europa zurück und lebte zunächst bei ihrer ehemaligen Gesellschafterin in München. Vor dort war es nicht weit zur Mainau, die sie oft besuchte.

1958 begab sie sich in das Sanatorium Bellevue im schweizerischen Kreuzlingen am Bodensee. Sie wollte ihre fortgeschrittene Arteriosklerose behandeln lassen und blieb ein halbes Jahr dort. Es war eine Zeit des Abschiednehmens. Mit der Gegenwart hatte sie schnell abgeschlossen, um sich wieder ganz in ihre russische Vergangenheit hinein zu begeben. Ihr geliebter Bruder Dmitri war der Mensch, an den sie am meisten dachte und mit dem sie in ihrer Phantasie kommunizierte. Am 13. Dezember 1958 verstarb sie im Konstanzer Sanatorium Büdingen an einer Lungenentzündung. In der Gruft der Schlosskirche St. Marien auf der Mainau fand sie ihre letzte Ruhestätte – neben ihrem Bruder Dmitri. Dessen sterbliche Überreste wurden am 17. Dezember 1958 von Davos auf die Mainau gebracht. Am selben Tag wurden die Geschwister gemeinsam bestattet.

Stammbaum

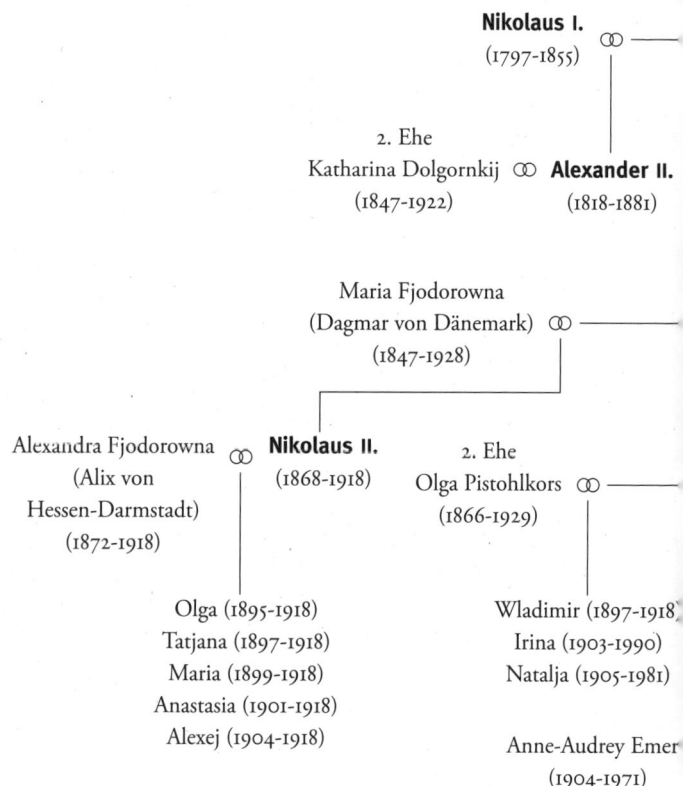

Nikolaus I.
(1797-1855) ⚭

2. Ehe
Katharina Dolgornkij ⚭ **Alexander II.**
(1847-1922) (1818-1881)

Maria Fjodorowna
(Dagmar von Dänemark) ⚭
(1847-1928)

Alexandra Fjodorowna ⚭ **Nikolaus II.**   2. Ehe
(Alix von (1868-1918)   Olga Pistohlkors ⚭
Hessen-Darmstadt) (1866-1929)
(1872-1918)

Olga (1895-1918)   Wladimir (1897-1918)
Tatjana (1897-1918)   Irina (1903-1990)
Maria (1899-1918)   Natalja (1905-1981)
Anastasia (1901-1918)
Alexej (1904-1918)   Anne-Audrey Emer
(1904-1971)

Alexandra Fjodorowna
(Charlotte von Preußen)
(1798-1860)

Maria Alexandrowna
⚭ (Marie von Hessen-Darmstadt)
(1824-1880)

Alexandra (1842-1849)
Nikolaus (1843-1865)
Alexander III. (1845-1894)
Wladimir (1847-1909)
Alexej (1850-1908)
Maria (1853-1920)
Sergej (1857-1905) ⚭ Elisabeth von Hessen-Darmstadt (1864-1918)
Paul (1860-1919) ⚭ Alexandra Georgiewna
(Alexandra von Griechenland)
(1870-1891)

Maria Pawlowna   Wilhelm von Schweden
(1890-1958) ⚭ (1884-1965)

Dmitri Pawlowitsch
⚭ (1891-1942)   2. Ehe
⚭ Sergej Putjatin
(1893-1966)

Paul
(1927-2004)

Roman
(1918-1919)

Lennart Bernadotte
(1909-2004)

Quellen und weiterführende Literatur

Bernadotte, Graf Lennart: Gute Nacht, kleiner Prinz, München 1977

Bernadotte, Lennart: ... ein Leben für die Mainau, Konstanz 1996

Charles-Roux, Edmonde: Coco Chanel. Ein Leben, Frankfurt am Main 2005

Corsing, Fritz: Jean Baptiste Bernadotte, Berlin 1946

Ferrand, Jacques: Il est toujours des Romanov, Paris 1995

Ferrand, Jacques: Le grand-duc Paul Alexandrovitch de Russie, Paris 1993

Figes, Orlando: Nataschas Tanz. Eine Kulturgeschichte Russlands, Berlin 2003

Jussupoff, Fürst Felix: Rasputins Ende. Mit einem Vorwort von Klabund, Berlin 1928

Kappeler, Andreas: Russische Geschichte, München 2008

Karlowitsch, Wasili: Zar Alexander II. als Mensch und Herrscher, Dresden 1881

Katalog: 100 Jahre Lennart Bernadotte – zurück zu den Wurzeln, Mainau 2009

Katalog: Jean Baptiste Bernadotte. Bürger - Marschall - König, Mainau 1998

Massie, Robert: Die Romanows. Das letzte Kapitel, München 1998

Mienert, Marion: Maria Pavlovna. A Romanov Grand Duchess in Russia and in Exile, Mainau 2004

Mienert, Marion: Großfürstin Marija Pavlovna. Ein Leben in Zarenreich und Emigration. Vom Wandel aristokratischer Lebensformen im 20. Jahrhundert, Frankfurt am Main 2005

Munthe, Axel: Das Buch von San Michele, München 1978

Orlik, Roger: Graf Lennart Bernadotte – der »König vom Bodensee«, Albstadt 2002

Pawlowna, Maria: Dear Darling Willy – Oh, how lovely it is to be a bride, Mainau o. J.

Pawlowna, Maria (Marie, Grand Duchess of Russia): Education of a Princess, New York 1930

Pawlowna, Maria (Marie, Grand Duchess of Russia): A Princess in Exile, New York 1932

Romanow, Prinz Roman: Am Hof des letzten Zaren. Die glanzvolle Welt des alten Russland, München 2005

Stadelmann, Matthias: Die Romanovs, Stuttgart 2008

Steinfeld, Thomas: Der Arzt von San Michele. Axel Munthe und die Kunst, dem Leben einen Sinn zu geben, München 2007

Troyat, Henri: Zar Alexander II., Frankfurt am Main 1991

Wendt, Gunna: Gräfin Sonja Bernadotte. Ein Porträt, Düsseldorf 2004

Wendt, Gunna: Die Bernadottes und die Romanoffs. Europäische Dynastien auf der Mainau, Frauenfeld 2009

Bildnachweis

Alle Abbildungen entstammen dem Mainau-Archiv.

Dank

Mein Dank gilt zuallererst der gräflichen Familie Bernadotte. Es war Graf Lennart, der mein Interesse für seine Mutter Maria Pawlowna weckte, als er mir im Herbst 2004 von ihr erzählte. In der Ausstellung »Zurück zu den Wurzeln«, die ich 2009, fünf Jahre nach seinem Tod, für die Mainau kuratierte, war Maria Pawlowna dann eine der Protagonistinnen.

Bei den Recherchen unterstützten mich, neben der Familie Bernadotte, Maria Regele, Florian Heitzmann und Theo Leutenegger. Dafür möchte ich mich herzlich bedanken.

Für Anregungen danke ich Gesine Dammel, Sigrid Bubolz-Friesenhahn, Gisela Corleis und Rüdiger Rohrbach. Intensive Gespräche mit Franz Klug haben meine Arbeit begleitet – vielen Dank!

Ein ganz besonderes Dankeschön möchte ich Gräfin Birgitta Bernadotte aussprechen, die mir die Persönlichkeit ihrer Großmutter durch ihre Schilderungen nähergebracht hat.